学級リカバリー術

がんばり過ぎない。
でも、あきらめない。

山中伸之 著

明治図書

はじめに

校長先生から、「前年度崩壊していた学級を担任してほしい」と言われたとします。

この本を読んでいる皆さんは、それを引き受けますか？

自信をもって引き受けるという先生も、自信はないが学校のいろいろな状況を考えて引き受けざるを得ないという先生もいらっしゃるでしょう。

どちらにしても、引き受けた以上は、崩壊学級を立て直すべく、自分の知識と経験を総動員して精一杯がんばることになるでしょう。

知識と経験を総動員して精一杯がんばる。

しかし、言葉で言うほどそれはたやすいことではありません。

我々教師には、何でもかんでも引き受けて、精一杯やろうとしてしまう傾向があります。

そうすることが当然だと思ってしまっている、とも言えるかもしれません。

さらに言えば、まわりの目を気にして、そのようにしなければならないというプレッシャーを感じているということもあります。

こうして、自分自身の心身を顧みずにがんばってしまう先生が多いのです。

その結果、心が疲れてしまったり、身体を壊してしまったりする先生も出てきます。


しかし、先生自身の心が疲れてしまったり、身体を壊してしまったりしたら、そもそも崩壊学級の立て直しはできません。

できないどころか、学校がもっと困った状況になってしまいます。

それでは本末転倒です。


崩壊学級は、担任するだけでも相当なエネルギーが必要です。

立て直すには、さらに多くのエネルギーが必要です。

エネルギーを使い果たして先生が倒れてしまっては、元も子もありません。

自信があって引き受けた先生も、自信はないが引き受けざるを得なかった先生も、ここでもう一度考えてみませんか？

〝先生が倒れない（がんばり過ぎない）崩壊学級対策〟を、です。

繰り返しになりますが、崩壊学級を立て直すのは非常に難しいことです。立て直せなくても仕方がないのです。

そこで、「立て直せなくても、一年間自分自身が倒れずに、学級にも大きな事件や事故が起こらずに過ごせたら、それでOKだ」というくらいに、目標を下げてみましょう。

そうすれば、グッと気が楽になりませんか。

一年間、先生が崩壊学級の担任を務めてくれる、大きな事件や事故がない、起きても少しだけ、こういう状況でも学校は大いに助かるのです。

がんばり過ぎないというのは、サボっているのとは違います。

簡単にいうと、「自分の不得意なことはやめる」ということです。

自分の不得意なことをやめていくと、自分の得意なこと、自分が実践してうれしいことが見えてきます。

立派な先生の学級崩壊立て直しの実践を読んで参考にしても、なかなか結果が出ないとしたら、それは先生の得意な方法ではないのかもしれません。

先生の不得意な方法で実践しても、うまくいかないのです。

ですから、まずは先生の得意な方法を見極めて実践をしてみてはいかがでしょうか。

本書では、崩壊学級を担任した先生が、あまりにがんばり過ぎて倒れてしまうことがないよう、マインドセットと具体的な実践を紹介しました。

読んでいて最初は「なんだこれ？」と思うかもしれませんが、ぜひ最後まで目を通してみてください。

きっと、読む前よりも気分が楽になり、実践の意欲がわいてくると思います。

どうか先生方、がんばらずにがんばってください。

崩壊学級を担任されているすべての先生に、心からの敬意を表します。

２０１９年６月

山中　伸之

もくじ
Contents

はじめに 006

第1章 まずは教師としてのスタンスを見直そう

「自分ならば」の気負いに潜む落とし穴 016
立て直しはそもそも難しい 018
先生だって逃げてもいい 020
プライドを捨てて、心身を守る 022
「…するべき」「…しなければならない」を1回やめる 024
「ダメな先生」と思われることを味わう 026
思い切って新しい自分を演じてみる 028
心の安全を確保する 030

第2章　学級リカバリーに向けて一歩を踏み出そう

到達目標の3段階
（1）第1段階／教師が休まず何とか1年間を乗り切るクラス　034
（2）第2段階／やや荒れ～普通のクラス　036
（3）第3段階／「さすが○○先生！」と言われるいい感じのクラス　038

学級の実態の見極め
（1）荒れの段階／初期・中期・晩期　040
（2）傾向／暴力・暴言・脱走・破壊・反抗・いじめ・無視　042
（3）発達障害が疑われる子どもへの配慮　044
（4）子ども、学級の荒れの傾向分析　046
（5）学級地図の作成　048

自分自身の見極め
（1）性格・キャラ・タイプ　050

（2）指導技術 052
（3）打たれ強さ 054
（4）生活環境 056

第3章 学級リカバリーのための「らりるれろ」

ら…ラポール／信頼関係をつくる 060
り…リレーション／つながりをつくる 062
り…リスペクト／自分の価値を認める 064
る…ルール／規範意識を高める 066
れ…レクリエーション／楽しい授業、楽しいイベント 068
ろ…ロール／自分の役割を意識 070

第4章 実践！ めげずに乗り切る学級リカバリー術

マインドセット

（1）子どもと力比べをしない　074
（2）叱らない　076
（3）子どもではなく、子どもの背景と闘う　078
（4）「損切り」をする　080
（5）「できなくてもOK」と自分を洗脳する　082
（6）最低限、学習権は保障する　084
（7）何らかのアプローチはやめない　086
（8）まずは「らりれ」から　088
（9）「違い」と「嫌い」を混同しない　090

具体的な生活指導

（1）あなたを見ているよ　092
（2）あなたが大切　094
（3）担任を理解してもらう（遊び、お話）　096
（4）つながりをつくる（ゲーム）　098
（5）協力を経験させる（班競争）　100

（6）自尊感情を高める（セルフほめほめノート） 102
（7）活動するときは理由や意義を説明する 104
（8）指示は短く、一時に一事 106
（9）できる仕事を割り振る 108
（10）取組の意味と気持ちを共有する 110
（11）ミスには注意ではなくフォローする 112
（12）ルールは最少にして、合意を得る 114
（13）叱りたくなったら「アイメッセージ」を使う 116
（14）トラブルの解決法はみんなで考える 118
（15）大物には1回だけ注意する 120
（16）6割の子を伸ばす 122
（17）リスタートセレモニーを行う 124
（18）1on1ミーティングを行う 126
具体的な授業実践
（1）プリント学習は意外に有効 128
（2）授業の山場は早めに 130

(3) モジュール授業で切り替え 132
(4) 時にはレベルを下げて 134
(5) ちょっとした活動を取り入れて 136
(6) 傍観者をつくらない 138
(7) TTで少人数指導 140
(8) テレビやネット動画の活用 142
(9) コンピュータの活用 144

第5章 ちょっと欲が出てきたときの学級ステップアップ術

マインドセット
(1) 「るろ」を始める 148
(2) いざというときは先生の本気を見せる 150
(3) 先生への信頼を取り戻す 152
(4) 「教室は公の場」という意識をもたせる 154
(5) 自分自身を俯瞰して見る 156

（6）方針を伝える 158
（7）子どもを頼る 160
（8）とにかくじっくり待つ 162
（9）安全を保障する 164

具体的な生活指導

（1）仕事を頼んで自己有用感を高める 166
（2）子どもの関心事を報酬にする 168
（3）成功体験を「見える化」する 170
（4）大事な実践は繰り返す 172
（5）今のことだけを叱る 174
（6）前置きをしてから叱る 176
（7）叱られ方を教える 178
（8）学級の今を自己評価させる 180
（9）必要なら保護者会を開く 182

具体的な授業実践
（1）課題選択式の授業 184
（2）グループ学習、班競争 186
（3）討論、ディベートの授業 188

おわりに

第 1 章
まずは教師としてのスタンスを見直そう

「自分ならば」の気負いに潜む落とし穴

「自分ならば…」

年度末に校長室に呼ばれ、校長から直々に、

「実は来年度の学級担任のことなんですが…」

と切り出されました。

「先生もご存じの通り、5年2組が今大変な状況です。私や教頭先生、児童指導主任の先生などが入って、何とか授業ができていますが、いなくなると授業が成立しません。それで、先生にご相談があるのです。単刀直入に申し上げますが、来年度、今の5年2組の学級担任を引き受けていただけないでしょうか。

何とか先生の指導力で子どもたちを救ってあげてほしいのです。

大変なお願いをしていることは重々承知の上でのことですが、このままでは子どもたちもかわいそうです。考えていただけるとありがたいのですが…」

校長先生からこのように頼りにされるのは、それまでの仕事ぶりが評価されていることでもあり、信頼されていることでもあります。**不安を感じながらも、「自分ならば」という自負や自信、「自分こそは」という気負いもあることでしょう。**

気負いは秘めて

気負いは意欲につながるので悪くはありません。

ただ、今回のような場合、学級の子どもたちはそのままで、担任の先生だけが替わるわけです。先生だけが意欲に満ちていたとしても、子どもたちはそうではありません。

そんな状況で、気負いのままに子どもたちに迫っていけば、子どもたちは戸惑ってしまい、先生との距離は縮まらないでしょう。その結果、何を言っても、何をやっても、子どもたちが反応せず、先生だけが空回りすることになってしまいます。

そうならないよう、**気負いは胸に大事にしまって、子どもたちと出会いましょう。**

立て直しはそもそも難しい

変えられるのは自分

次のような言葉を聞いたことがありませんか。

「過去と相手は変えられない。未来と自分は変えられる」

つまり、相手を変えるのはまったく無理ではないにしても、難しいということです。ひるがえって「教育」を考えてみた場合、教育とはほとんどすべてが、相手である子どもを変える営みです。それは、崩壊学級の立て直しも同じです。学級の子どもたちを変える営みです。しかも、通常よりも大きく変えなければなりません。

大人は変えられないけれど、子どもは比較的変えやすいのでしょうか。

いいえ、そのようなことはありません。そう思っているとすれば、その時点でつまずいています。

ですから、崩壊学級を立て直すのは、そもそも難しいのです。

立て直せなくても仕方がない

「立て直せなくても仕方がない」

などと言うと、教師は真面目ですから、つい次のように考えてしまうと思います。

「教師としてあるまじき心構えだ」

「せっかく信頼して任せてくれた管理職の期待を裏切るのか」

「はじめからあきらめず、子どものために必死でがんばるのが教師だろう」

こういう考えは尊いもので、教師はそうありたいものです。しかし、このような考えが高じると、できていない自分を責めてしまい、子どもたちに対することが辛くなることがあります。

矛盾するようですが、**「がんばるけど、立て直せなくても仕方がない」という考えを受け入れることも、崩壊学級を立て直すには必要なこと**です。

先生だって逃げてもいい

逃げるのは悪いことか

多くの先生が、「逃げるのはひきょうだ」「逃げるのは責任放棄だ」のように、逃げることにマイナスのイメージをもっているのではないでしょうか。

「逃げる」には「面倒なこと、嫌なことから積極的に遠ざかろうとする」という意味があり、これが責任逃れ、ひきょう、消極的、というイメージにつながるのでしょう。まして、子どもや学級から逃げるのは、教師としてあるまじき行為だということになります。

しかし、逃げることには「危険から抜け出して距離を置く」という意味もあります。**自分を守るために危険から遠ざかるわけです。**

どんなに優れた実践であっても、実践する教師自身が参ってしまっては行うことができ

ません。

自分を守るためには、逃げることも時には必要です。

「嫌」の段階

しかし、逃げることも時には必要だと言われても、

「危険から逃げるのは受け入れられても、嫌だからといって逃げるのは、どうしても受け入れられない」

と考える方も多いでしょう。

そういうときはこう考えてみてはいかがでしょうか。

「嫌にも段階があり、『ちょっと嫌』『何となく嫌』という段階から、『どうしても嫌』『絶対に嫌』という段階まである。『どうしても嫌』『絶対に嫌』と思うほどの嫌は、その人にとって危険な段階であり、逃げるべき段階である」

「逃げてもいい」と、自分に言い聞かせましょう。

逃げて態勢を整えれば、元気が出てチャンスが生まれるかもしれません。

プライドを捨てて、心身を守る

できる先生は助けてもらうことが下手

「助けてもらう方が、仕事が簡単にできていい」と思っている方が多いと思います。実際、仕事そのものだけを考えれば、だれかに助けてもらってする方が楽ですし、短時間で簡単にできるでしょう。

しかし、助けてもらうまでの過程を考えると、意外に難しいものです。

なぜかというと、**助けてもらうためには、「自分の弱さを認める」「相手にお願いをする」という2つのことが必要になるから**です。

特に、それまで自分の力で何でもやってきて、それなりの成果を出してきた先生にとっては、どちらも難しいでしょう。自分の力のなさを認めるのも、相手にお願いをするのも、

自分のプライドを捨てることになるからです。

助けてもらうのは悪いことではない

教師としてのプライドをもって仕事に取り組むのはすばらしいことです。

しかし、困難な学級を立て直すには、相当なエネルギーが必要です。体も心もくたくたに疲れてしまうことがあるでしょう。

ですから、**プライドか自分自身の心身か、どちらかを守らなければならない場合は、プライドを捨てて、心身を守りましょう。**

プライドは捨てても、また身につけることができます。

身体を壊さず、心が折れなければ、少しずつでもチャレンジすることができます。

まわりの先生に大いに助けてもらいましょう。

助けてもらうことは悪いことではありません。

むしろどんどん助けてもらいましょう。

「…するべき」「…しなければならない」を1回やめる

「本当にそうか？」と問う

真面目な先生ほど、「…するべき」「…しなければならない」という考えにとらわれてしまいがちです。

例えば、

「授業中はよい姿勢で座るべき」

「授業中のムダ話はさせないようにしなければならない」

「宿題は毎日やるべき」

といったことです。**こう考えてしまうと、子どもたちへの要求水準が高くなり、やらない子への指導が強くなってしまいます。**

ですから、当たり前と思っていることも「果たして本当にそうか?」と、一度考えてみましょう。

「授業中はよい姿勢で座るべきと言われるが、果たして本当にそうか?」

と自問してみると、脳がよい姿勢で座らなくてもいい場合を考え始めます。例えば、「疲れていたり体調が悪かったりケガをしたりしているときは無理」「悩みがあって心が弱っているときは無理」「わかっていてもついつい気が緩んでしまうこともある」といったことです。**こういう考えが浮かぶと、一歩引いた指導ができるようになります。**

「…する方がよい」「…してもよい」と考えてみる

また、「…する方がよい」「…してもよい」と考えてみるのもよいと思います。

「授業中はよい姿勢で座る方がよい」

「授業中はムダな話はしない方がよい」

「宿題は毎日やってもよい」

というようにです。

「ダメな先生」と思われることを味わう

ダメな先生だと思われてみよう

崩壊した学級のリカバリーがなかなかうまくいかなかったとしたら、それは1つのチャンスかもしれません。

どんなチャンスかというと、「ダメな先生だと思われる」チャンスです。

「○○先生でもうまくいかないことがある」

「○○先生も、言っているほどのことはないな」

周囲からこんなふうに思われることを味わってみましょう。

なぜ、こんなことをすすめるのかというと、**「ダメなヤツだ」と思われている人の気持ちがわかるから**です。また、**「ダメなヤツだ」と思われることを、必要以上に恐れなくな**

るからでもあります。

ダメな先生だと思われることのよさ

ダメな先生だと思われてみる、ダメな先生だと思われることを味わってみると、崩壊学級の担任をしていくうえで、プラスに働くことがあります。

その１つは、**学級の子どもたちの気持ちがわかる**ことです。

崩壊学級の子どもたちの中には、「自分はダメだ」と思っていたり「自分はダメだと思われている」と感じていたりする子がいます。そういう子がどんなふうにまわりを見ているのか、まわりから見られることをどう感じているのか、が想像しやすくなります。

そして、もう１つ。**自分が「ダメな先生だ」と思われないために、子どもたちへの要求水準や指導を高く、強くしてしまい、その結果、子どもたちに反発されてしまうというリスクを低くすることができます。**

思い切って新しい自分を演じてみる

ありのままで行ける先生、行けない先生

どの職業にも天賦の才能をもっている人がいます。特に意識したりしなくても、その時その場に最も適切な言動ができてしまう人です。

教育の世界も例外ではなく、いつの間にか子どもの心をがっちりとつかんでしまう先生や、教室にいるだけで子どもたちが安心して落ち着いてしまう先生がいます。

そのような天賦の才能に恵まれた先生は、自分のありのままを出して子どもたちに対すればよいのですが、天賦の才能のない先生（たぶん、こちらの方が圧倒的に多いでしょう。私もその1人です）は、ありのままの自分を出しているだけでは、崩壊学級のリカバリーはうまくいかないかもしれません。

ロールをプレイする

天賦の才能がなければ、それに代わるものを身につければよいわけです。崩壊学級を立て直した先生の実践を読んで、その技術や方法を学ぶとよいでしょう。

しかし、技術や方法を学んでそれを実践しても、同じようにうまくいくとは限りません。むしろ、うまくいかない例を私は数多く見聞きしてきました。

では、どうしてうまくいかないのでしょうか。

私は、その原因は、**実践している技術や方法とその先生の人となりがずれているから**ではないかと考えています。簡単に言えば、技術や方法がその先生に合っていないということです。ですから、どこかちぐはぐな感じがしてしまうのでしょう。

これを合わせるために、時には、手本とする先生の人となりを思い切って演じることもよいのではないでしょうか。

文字通り、**ロール（役割）をプレイ（演じる）するということ**です。

心の安全を確保する

人には休息が必要

どんなに強い人でも、24時間働き続けることはできません。適度な休息が必要です。適度に休息することによって、また働く気力も体力も湧いてくるものです。

ですから、だれにとっても、休息する時間、休息する場所が必要になります。

ところが、その休息する場所が不安に満ちていて、そこにいても休息することができないとしたらどうなるでしょうか。見かけは休んでいるようでも、実際には休めていないことになるでしょう。

そうなると、明日働くための気力や体力が湧いてきません。いつか疲れ切ってしまうと思います。

心の安全を確保する方法

休息の場所では、体と心のどちらも休めることが必要です。

特に心が安全な状態で、嫌なことや辛いことを考えずに済むようならば、申し分ありません。

反対に、体はゆったりと休むことができても、頭の中ではいつも、「これからどうすればいいのか」と考え続けていたり、心が不安や怒りでいっぱいになっていたりすると、本当の意味で休んでいることにはならないでしょう。

心の安全を確保するにはいくつかの方法があります。

例えば、**気になる人や場所から距離を置く、自分の好きな音楽や歌を聴く、勉強して資格や知識を身につける、尊敬する人をもつ、生活の中に変わらないリズムを取り入れる、縁起を担ぐ**…などです。

こういうことを上手に利用して、心の安全を確保しましょう。

第2章
学級リカバリーに向けて一歩を踏み出そう

到達目標の３段階

(1)第1段階／教師が休まず何とか1年間を乗り切るクラス

学級リカバリーの第一歩は、自分がどのようなクラスを目指すのかを考えることです。学級経営の到達目標をどこに置くのかを考えましょう。

ここでは、到達目標として３つの段階を想定してみたいと考えています。アバウトに、どの段階を中心にした到達目標にしたいかを考えてみてください。

まず第１の段階は、**「とにかくにも、何とか1年間を乗り切る」**という到達目標です。具体的な重点は、次の２つです。

1　担任の先生が学校を休まない。
2　学級に陰湿ないじめや大きな事故が起きない。

学校は、学級担任の先生が休むと、大変なことになります。1日や2日ならばまだ対応のしようがありますが、長期間休まれると本当に困ります。

そういう意味では、崩壊学級のリカバリーを担う先生が1年間休まずに学校に来てくれるのは、学校にとっては大変ありがたいことです。

また、学級内で陰湿ないじめや大きな事故が起こると、そこに大きなエネルギーを注がなければなりません。ですから、そうならないようにすることが非常に大事です。

この際、その他の、学力の保障、基本的な生活習慣の育成、親切・思いやりの心を育てる…とかには目をつぶりましょう。達成できなくても構いません。

ちょっとした人間関係のトラブルや意地悪、小さい事故はどんなクラスにもあります。そこはある程度想定して、陰湿ないじめや大きな事故が起きないよう最大限留意します。

(2)第2段階/やや荒れ〜普通のクラス

やや荒れた普通のクラス

到達目標の第2の段階は、言うなれば、「普通のクラス」を目指す段階です。返事やあいさつがよくできるとか、学力が高いとか、表現力が際立っているとか、そのような特別なものはありません。

また、普通のクラスにも幅がありますが、この段階で目指すのは、どちらかと言えばやや荒れているようなクラスです。

具体的には、次のような状態です。

1 授業中におしゃべりが見られるが、授業の進行が妨げられるほどではない。
2 先生の言動に対して、軽くはやし立てたり、ちょっと反抗したりするが、大きな問題になるほどではない。

3　係活動や当番活動には消極的だが、指摘されれば責任は果たす。
4　友だち同士の小さなトラブルや意地悪はあるが、大きないじめや事故になるほどではない。

「普通」はハイレベル

私たちが普段「普通」と言っているのは、昨今の子どもたちからすると、レベルがかなり高いということになります。

授業中に関係のないおしゃべりはしない、ということ1つとってみても、うなずけるのではないでしょうか。

到達目標をどこに置くかを検討する際には、私たちの「普通」のレベルをちょっと下げて考えることが必要です。

（3）第3段階／「さすが○○先生！」と言われるいい感じのクラス

自分の描く理想のクラス

到達目標の第3の段階は、だれからも「さすが○○先生！」「いいクラスだね！」と言われるような学級を目指す段階です。

校長先生から直々に指名を受けて崩壊学級の担任になるような先生なら、学級経営には定評があるでしょう。

自分の目指す学級像、目指す子ども像もはっきりとしていると思います。

そのような理想の学級、理想の子どもを目指して、実践を積み上げていきましょう。

一般に、「いいクラス」と言われるのは次のような学級です。

1　学級内に秩序があり、子どもたちに基本的な生活習慣や学習習慣が十分に身についている。

2　担任の先生と子どもたち、子どもたち同士がお互いに信頼しあって協力することができている。
3　子どもたちが自分自身の力を信じていて、何にでもチャレンジできる。
4　その結果、学級や個人のパフォーマンスのレベルが高く、校内で目立つ。

自信と勇気と覚悟はあるか

通常でも、理想のクラスへの道のりは険しいものです。まして、崩壊学級のリカバリーとなると、並大抵のことではないでしょう。

その険しい道を進む自信と勇気と覚悟があるでしょうか。

希望だけを胸に抱いていたのでは失敗します。

知識と技術と経験に裏づけられた自信と勇気と覚悟があるか、もう一度自分自身に問いましょう。

学級の実態の見極め

(1)荒れの段階/初期・中期・晩期

当たり前のことですが、学級の実態を見極めることは大切です。

1年間の到達目標も学級の実態に合わせて決めることになります。まず、担任する学級の「荒れの段階」が、初期なのか中期なのか晩期なのかを見極めましょう。

初期　先生の指示に対する反応が鈍く、やる気のない雰囲気がある。
授業中の私語や手遊びが増え、挙手発言が一部の子になっている。
友だちの失敗を笑ったり、失敗を友だちのせいにしたりする。

ルールを守らない子が多くなり、先生におもねる子がいる。
仲のよい2、３人で固まり、ヒソヒソ話をしたり、活動を妨げたりする。

中期
先生の指示に反抗する子が現れ、それを笑って見ている子が過半数。
係活動や当番活動は一部の子だけがやり、その他の子はいい加減。
教室内のものが壊され、けんかが増える。
少人数グループで対立したり、陰口を言い合ったり、いじめたりする。
先生の注意を聞かず、注意されると「なんで自分たちだけ」と反抗する。

晩期
先生の言動を無視して、勝手な行動をする。
まじめな子がいじめられ、トラブルが日常茶飯事となる。
ルールが無視され、当番活動は停止し、授業は成立しなくなる。
子どもたちの刹那的、享楽的、反抗的な言動が日常茶飯事となる。
学級外でも同じ態度で、他の先生にも反抗する。

(2)傾向／暴力・暴言・脱走・破壊・反抗・いじめ・無視

学級に現れる「荒れ」の具体的な姿や、どんな荒れが多いのかなど、大まかな傾向をつかんでおくことも必要です。

前年度からの持ち上がり学級であれば、実際に目にしてきたことを改めて振り返ります。新たに受け持つ学級であれば、昨年度の担任や授業を担当していた先生に話を聞いたりします。

暴力　意図して殴ったり蹴ったりする。殴ったり蹴ったりするけんかに簡単に発展してしまう。直接ふれ合わなくても、机やイスを押したり、強引にものをとったりする。

暴言　先生に対して「うるさい」「つまらない」などと言う。子ども同士で「死ね」「消えろ」「黙れ」などと言う。必要以上の大声でしゃべったり、奇声を発したりする。

脱走　自分の気分で教室から出て行ってしまう。
体育館や理科室などの他教室から、教室に戻って来てしまう。
学校から出て家に帰ってしまう。

破壊　ドアや壁を蹴って壊したり汚したりする。
教室内のものを乱暴に扱ったり、投げて落としたりする。
掲示物や壁に落書きをしたり、掲示物をはがしたりする。

反抗　先生の指示にいちいち口答えして従わない。
注意をするとにらんだり、凄んだり、教育委員会に言うと言ったりする。
先生の存在をわざと無視したように振る舞う。

いじめ　仲間はずれにするよう、他の子に指示を出す。
個人のものを壊したり、傷つけたり、隠したりする。
グループで陰口を言ったり、わざとにらんだり、手紙を回したりする。

無視　話しかけられても返事をしない。
その子がいないかのように振る舞う。

（3）発達障害が疑われる子どもへの配慮

見方を変えてみる

今は、どの学級でも発達障害をもった子ども、発達障害が疑われる子どもの存在が珍しくありません。

そういった子どもは、先生の指示に従わなかったり、反抗的な態度をとったりしているように見えることがあります。

子どもたちの態度について考える場合、学級が荒れてしまったために反抗的な態度をとっているのか、そういった特定の要因でそのような態度をとっているように見えるのかを見極めることも必要です。

「この子のとっている態度は、何が原因なのだろうか」

一度はこのように考えて、見方を変えてみるとよいでしょう。

二次障害にも配慮

また、発達障害をもった子には、二次障害が見られることもあります。

発達障害をもった子は、発達障害に対するまわりの人たちの理解不足から、否定的に評価されたり、注意や叱責を受けたりすることが重なってしまい、否定的な自己イメージをもってしまうことがあります。

そのことによって、情緒の不安定や反抗的な行動、深刻な不適応の状態等を招くことがあり、これらを二次障害ということがあります。

一見すると、先生の指示に反抗的になったり、友だちに対して暴力的になったりすることもあり、崩壊学級の「荒れ」の傾向の1つと同じように見えます。

しかし、この2つに同じように対応していると、うまくいかないことも出てくるでしょう。

発達障害が疑われる子どもには、**指導よりも共感や受容が大切**です。

安全感、安心感をもつことができると、学びに向かいやすくなります。

(4)子ども、学級の荒れの傾向分析

一人ひとりの傾向をつかむ

子どもたち一人ひとりについても見ておきましょう。

それぞれにどのような荒れの傾向が見られるかを考えて、一覧表にしてみるとよいでしょう。

個々の状況が一定であるわけではありませんが、その都度変更していくと考えて、**なるべく早い時期につくっておくことをおすすめします。**

一覧表は、学級名簿を使ってつくります。

まず、次ページのように、学級名簿に項目を書き入れます。この項目は、学級の実態に合わせて変更すればよいでしょう。

	名前	暴力	暴言	脱走	破壊	反抗	いじめ	無視	その他	計
1	□□□□	○	○			◎				4
2	□□□□			◎						2
3	□□□□□		◎		○					3
4	□□□□								無気力	1

次に、子どもたち一人ひとりを見て、それぞれ該当する傾向の項目があれば、そこに○を記入します。傾向が顕著な場合は◎を記入します。

その子の傾向が項目にない場合は、その他に簡潔に記入します。

学級全体の傾向を概観する

○と◎の数の合計を記入します。○を1、◎を2として計算するとよいでしょう。

縦の○と◎の数を合計し、在籍数でわってパーセントを記入します。

すると、この一覧表を見れば学級全体の傾向がおおよそつかめます。

(5)学級地図の作成

学級地図とは

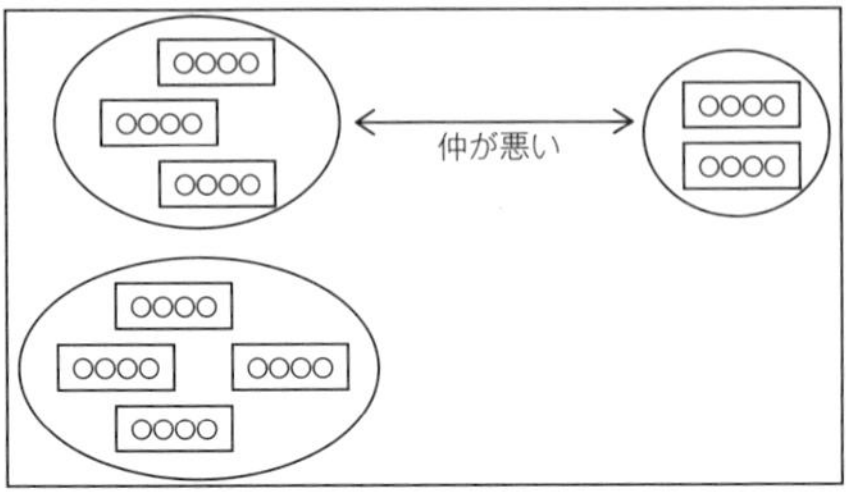

「学級地図」もつくっておきましょう。

学級地図とは、簡単に言えば、学級の子どもたちの人間関係の親疎を、上のように簡単に図式化したものです。

学級地図を見ると、グループになっている子どもたち、孤立している子ども、中心的な子どもなどがわかり、**どこからリカバリーしていくかを考えるヒントになります。**

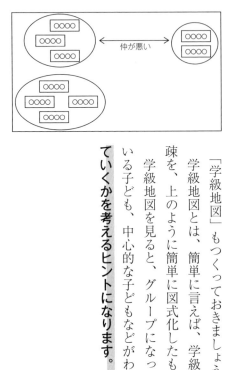

学級地図のつくり方

学級地図は、必ずこうしなければならないというつくり方があるわけではありません。
要は、子どもたちの人間関係の親疎がわかればいいのです。

1 だれでもよいので、学級の1人の子の名前をノートに書きます。
男子は黒、女子は赤など、色分けをしておくと見やすくなります。
付箋に書いて貼れば、移動させることができます。
2 最初に書いた子と仲のよい子の名前を、最初の子の近くに書きます。
3 仲のよい子のグループができたら、○で囲んでおきます。
4 反対に、仲のよくない子同士は、なるべく離して書いておきます。
5 適宜、矢印や簡単な説明を書き入れます。
6 前項で○と◎の合計の多かった子は赤丸などをつけて目立たせます。

自分自身の見極め

（1）性格・キャラ・タイプ

相手を知り、己を知る

『孫子』にも、「彼を知り、己を知れば、百戦して危うからず」とあります。

子どもたちを知ることも大事で、また先生自身を知ることも大事です。

荒れたクラスの担任の先生に、あれこれとアドバイスをしても、なかなか実践してくれなかったり、実践してもうまくいかなかったりします。

それは多くの場合、それらの実践が、その先生の性格やキャラクターやタイプに合わないことが理由です。

ですから、**先生が自分自身を知って、自分に合う実践をすることが必要になる**のです。

大事な3つのこと

少なくとも、次の3点について、自分はどうなのかをじっくりと考えてみましょう。

1 「トレーニングタイプ」か「コーチングタイプ」か
2 「厳しい」か「優しい」か
3 「楽観的」か「悲観的」か

これらのタイプによって、どのように子どもたちにアプローチするかを考えましょう。

トレーニングタイプの先生がコーチングタイプの実践をするには、留意点をしっかり把握するとよいでしょう。

厳しいタイプの先生は、自分の対応を努めて優しくするとよいでしょう。

(2)指導技術

知識の行為化が技術

仮に今ここにイチロー選手がいて、世界一のバッティング技術をわかりやすく解説してくれたとします。

その解説を真剣に聞いたみなさんは、どうすればメジャーリーガーの投手の球を打てるのかを完璧に理解しました。

そうしたところでグラウンドに出てバッターボックスに入り、バットを構えました。

マウンドにはメージャーリーグの投手。

渾身の一球を投げ込んできました。

このボールを打ち返す確率は、皆さんにどれくらいあるでしょうか。

おそらくほとんどゼロに近いでしょう。

それは、**習熟していないから**です。

知識が技術として身につくには、何度も実践して習熟する必要があります。

自身の技術レベルを振り返る

みなさん自身の技術のレベルを振り返ってみましょう。

どの分野の技術が得意で、どの分野の技術が不得意でしょうか。

得意な分野があれば、**その分野を中心に据えて学級をリカバリーしていった方が、成功する確率は高くなるでしょう。**

反対に、実践記録を読んですばらしいと思った実践であっても、それまで一度もやったことのない実践や、自分の不得意な分野に近い実践だとしたら、うまくいかない可能性があります。

どうしても不得意分野の実践をする必要がある場合は、計画的に試行していくことが大事になってきます。

(3)打たれ強さ

打たれ強いとは

「打たれ強い人」というのは、次のような人です。

- 他人の意見に流されない。他人の意見を聞かない。
- 失敗を気にしない。
- ある意味鈍感。
- 考え方が前向き、楽観的。
- 自己評価が高い。
- 優先順位が明確。
- 信念をもっている。

打たれ強くなることが必要

みなさんは打たれ強いでしょうか。

崩壊学級をリカバリーすることは、かなりの精神的な負担になります。

学級を担任しているだけでも辛いことの連続ですが、さらにリカバリーという使命を帯びると、失敗することも多いでしょう。

子どもたちからの暴言や反抗に心が折れることもあるでしょう。

保護者からのクレームや要望に、辛い思いをすることもあるでしょう。

しかし、それらを乗り越えて進んでいかなければなりません。

自分が打たれ弱いと思ったら、打たれ強くなりましょう。

ネット上にあるクレームを集めて、毎日読んでクレームに慣れるのも1つの方法です。

人は放っておくと悲観しがちです。


意志の力で楽観主義になりましょう。

(4)生活環境

家庭は安らぎの場

最後に、自分自身の生活環境を振り返っておきましょう。

簡単に言えば、**「家庭が安らぎの場になっているか」**ということです。

一日精一杯闘って帰宅したときに、家庭が安らぎの場であって、疲れを癒やすことができれば、翌日またがんばることもできます。

しかし、家事に追われていたり、遠距離通勤で疲れ果ててしまったり、両親の介護が重くのしかかっていたりしたら、さらに疲れてしまうでしょう。

自分にできる範囲を知る

自分の生活の環境を振り返って、**どの程度ならばできるのかを見極めるのが大事なことです。**

決して無理はしないことです。

ただでさえ、崩壊学級を担任するのはストレスがたまります。

無理をしてがんばって少しずつリカバリーしたとしても、肝心の学級担任の先生が倒れてしまっては元も子もありません。

ここまで見て来た、自分の性格やタイプ、指導技術、打たれ強さ、生活環境を考えて、無理せずにできる範囲を見極めましょう。

自分にできる範囲は人によって違います。

自分にできる範囲の中で、精一杯の取組をすればいいのです。

第3章
学級リカバリーのための「らりるれろ」

ら…ラポール／信頼関係をつくる

学級経営の5つの視点

学級経営をするうえでの5つの視点を、「ら・り・る・れ・ろ」にまとめてみました。これを忘れずに学級経営を行うことで、リカバリーもうまくいく可能性が高まるでしょう。また、この5つの視点について、

・どれから始めるか
・どの順番に実践していくか（どれに力を入れるか）

を考えることで、自分の性格や経験を考えた学級経営ができます。

ラポールを築く

「ラポール」とは、信頼関係のことです。

互いに信頼し合えていて、安心して感情を伝え合うことができる関係が成立している状態のことです。

ラポールは、基本的に相手に対する「誠意」「好意」「敬意」により築かれます。

子どもたちとの間にラポールを築くには、**ページングや共感、受容が有効**です。

ページングとは、相手の話し方に自分の話し方を合わせることです。

休み時間などに子どもたちと話す際、子どもたちの話す声の高低やスピード、リズムなどに、意識して合わせてみましょう。

楽しそうなら楽しそうに、驚きなら驚いたように、早口なら早口で話します。

また、共感や受容のポイントとして、**気持ちは共感したり受容したりし、行為は是々非々の態度で臨みます。**

り…リレーション／つながりをつくる

リレーションとは

「リレーション」とは、人間関係のことです。
学級の中で、子どもたちは様々な人間関係をもっています。
それらの人間関係をいくつかの側面から見ると、次のようになります。

1　公的な関係か私的な関係か
公的な関係…活動班、係、当番、座席、（クラブ、委員会）、担任との関係
私的な関係…友だちグループ、上下関係（支配関係）、担任との関係

2　関係性が強いか弱いか
強い関係…友だちグループ、上下関係（支配関係）、活動班
弱い関係…係、当番、座席

3　心地よい関係か悪い関係か
よい関係…友だちグループ　悪い関係…上下関係（支配関係）

リレーションを充実させる

学級内での子どもたち同士、子どもと担任教師のリレーションを充実させる（より強く、より心地よく）ことが、学級をリカバリーするうえでは大切になります。

学級は公的な人間関係によって運営されていきますが、それを支えているのは、**実は私的な人間関係なので、私的な人間関係を充実させることが重要になります。**私的な人間関係には、望ましくない関係もあるので、より注意が必要です。

り…リスペクト／自分の価値を認める

自分をリスペクトする

お互いに相手に敬意を払うことは、ラポールを築くうえでもリレーションを充実させるうえでも必要なことです。

しかし、もっと大事なことがあります。

それは、自分自身に敬意を払う、自分自身を尊重する、ということです。

なぜかというと、**自分を尊重できない子は、相手を尊重することもできないから**です。

できない自分やだめな自分を認められないまま、相手のすばらしいところを称賛していても、そこには嫉妬やコンプレックスが潜んでいます。

本当の意味での敬意や尊重ではないのです。

どんな自分もリスペクトできると…

例えば、休み時間にクラスの数人の子がしゃべっていて、途中でチラッとAさんの方を見たとします。

このとき、Aさんは、

「もしかしたら、私のことで何か悪いことを言っているのかも」

と思って、不安になるかもしれません。

これは、Aさんが「自分は友だちから何か悪いことでうわさをされるような人間」で、そういう自分をダメな自分だと考えているから、そう思えて不安になるのです。

もしも、Aさんが「自分は悪いうわさをされるような人間ではない」「たとえうわさをされても、自分は自分で価値のある存在だ」と考えていれば、不安にはなりません。

このように、**どんな自分もリスペクトできる子になると、小さなトラブルは自然となくなっていきます。**

「自分で自分を大事にしよう」というメッセージをたくさん投げかけましょう。

る…ルール／規範意識を高める

ルールは子どもとつくり、子どもと守る

集団にはルールが必要です。ルールを守らない集団は、集団として機能することができません。学校や学級にもたくさんのルールがありますし、学級の実態に合わせて新たなルールをつくったり、既存のルールを再確認したりする機会もあります。

ルールをつくったり再確認したりする際は、子どもたちと一緒に行います。**そのルールの必要性を子どもたちに考えさせ、ルールが必要かどうかを判断させます。**

決められたルールが守られない場合や、守れない子がいた場合、学級全体で原因や対処法を考えるようにします。

こうすることで、押しつけではなく、自分たちで決めたルールということになり、自治的な考え方も身について、ルールがより守られるようになります。

「ルールは守る」というルールを守る

よくあるのは、ルールはつくってみたものの、それが守られなくてもうやむやにされてしまう、ということです。

その結果、つくられたルールが意味のないものになると同時に、「ルールは守らなくてもよい」ということを、子どもたちが学んでしまうことになります。

これを避けるためにも、「ルールは守る」というルールを再確認し、ルールを守らないという例外をつくらないようにすることが必要です。

具体的には、**ルールが守られないことがあったら、どうして守られないのか、どうすればば守れるのかをその都度話し合う**ことです。

大事なルールの場合は必ず行うようにします。

れ…レクリエーション／楽しい授業、楽しいイベント

楽しさが厳しさを緩和する

学級がうまく機能するためには、子どもたちがルールを守ることが大事です。

子どもたちにルールを守らせるためには、ある程度の強制力も必要になります。

また、ルールを守らない子には注意をしなければならない場合もあるでしょう。

このようなことが続くと、子どもは息苦しくなり、学級生活に負担を感じ始めます。

これを緩和してくれるのが、レクリエーションです。

多少厳しい対応をしなければならない時期こそ、授業の中に遊びの要素を加えたり、楽しいイベントをしたりして、子どもたちを喜ばせましょう。

厳しさと楽しさのバランスをとることが、学級経営では大事です。

レクリエーション万能ルール

とはいえ、レクリエーションやイベントのネタが、いつも都合よく見つかるとは限りません。

しかし、**大がかりなものや計画的なものでなくても、子どもたちは案外喜んで取り組んでくれるもの**です。

普段の授業や活動にひと工夫するだけで、レクリエーションにすることもできます。

そのような「レクリエーション万能ルール」があります。

1　名前を「○○大会」にする（これだけでグッとレクリエーションっぽくなる）
2　競争する（速さでも、大きさでも、回数でも、何でもいいから競う）
3　得点制にする（得点はグループごとに蓄積しておくとよい）

この3点を当てはめれば、例えば「朝のあいさつ大会」「始業前に何回あいさつしたかを競う」「あいさつした回数が得点」などとすることができます。

ろ…ロール／自分の役割を意識

役割が有用感をもたらす

学級に居場所があることが大事だと言われます。物理的な居場所はもちろんですが、心理的な居場所がより重要です。心理的な居場所は、学級にとって自分が必要とされているかどうかということと、大きく関係しています。

自分が必要とされているということは、学級の中で自分の役割があるということです。

子どもたちに役割をもたせましょう。

公的な役割の他に、私的な役割も意識させることができれば最高です。

例えば、「状況に応じて窓を開閉して換気する」というのは、学級にとって必要な仕事

ですから、これは公的な役割になります。

これに対して、「授業中にときどきおもしろいことを言って場を和ませる」というのは私的な役割と言えます。

リンゲルマン効果と1人1役

「リンゲルマン効果」とは、「社会的手抜き」とも言われます。

集団で共同作業を行うときに、1人当たりの仕事の量が、人数が増えれば増えるほど少なくなってくるという現象のことです。

つまり、他人任せになる部分が出てくるということです。

ということは、**仕事は1人で行う方が力も出るし、責任感も増す**ということです。

学級の役割も、原則として1人1役にするとよいでしょう。

1人1役にして、どの子にも学級のために役に立っているということを意識させます。

それが学級での居場所につながっていきます。

第4章
実践！ めげずに乗り切る 学級リカバリー術

マインドセット

(1)子どもと力比べをしない

上下関係を示したがる子

荒れた学級では、子どもたちは担任の先生と対立関係にあります。

特に学級の中心となっている子は、自分と担任の先生のどちらが力が上かを意識して、担任の先生に闘いを挑んでくることがあります。

わざと担任の先生に暴言を吐いたり、担任の先生の指示に従わなかったり、注意されると反抗したりします。

そうすることによって、**「自分は担任の先生よりも上位にいる」ということを、学級の他の子たちに示そうとする**わけです。

挑発に乗らず、受け流す

これらの挑発に乗ってはいけません。
挑発に乗ってしまうのは、学級経営の敗北です。
挑発してくる子は、挑発して先生が乗ってくるのを虎視眈々とねらっています。
その子との間に関係性ができ上がるまでは、軽く受け流しましょう。
どう対応するか。
黙って間をとり、授業や指示を続けるとよいでしょう。
「そのような言い方はしないでください」
などと、一度だけ注意してもよいでしょう。
ややゆとりがあるなら「今度話を聞かせてください」などと軽く返しましょう。

(2)叱らない

関係づくりを優先する

崩壊学級には、ルールやマナーに反する言動を頻繁にとる子もいます。

そういう子を見ると、ついつい声を荒げて叱りたくなってしまいます。

しかし、子どもたちは今までにもたくさん叱られてきて、叱られることに嫌気がさしているでしょう。

そこでまた叱ったら、関係づくりも進まなくなってしまいます。

ルールやマナーに反する言動があっても、叱ることは我慢して、「アイメッセージ」(「私(アイ)」を主語にしたメッセージ)でこちらの希望を伝えるようにします。

例えば、

「話している途中でおしゃべりをされると、私は話しにくくて困ってしまうんだ。だから、話が終わるまでは聞いてくれるとありがたい」

というような感じです。

少なくとも、頭ごなしに強く叱りつけるようなことはせずに、子どもたちとラポールを築くこと、関係をつくることに力を注ぎます。

叱られても改善は難しい

そもそも、子どもたちが叱られて言動を改めるようになるためには、叱られたことを受け入れることが必要です。

しかし、崩壊学級の子どもたちは、先生の言葉や指示を素直に受け入れるような状態にないことが多いでしょう。

ということは、**先生がせっかく嫌な思いを我慢して叱ったとしても、それで効果があることはほとんどない**ということになります。

叱られたことでかえって反発し、よけいに受け入れなくなることも考えられます。

そういう意味でも、少なくとも最初の段階では、叱ることは控えた方がよいでしょう。

どうしても注意したい場合は、事務的に一度だけ伝えることにします。

（3）子どもではなく、子どもの背景と闘う

荒れた言動には背景がある

どんなに荒れた学級でも、荒れた子どもたちでも、最初からそのように荒れていたわけではありません。

そこには何か荒れる原因があったはずです。

また、アドラー心理学的に言えば、子どもたちが荒れた行動をとるのには、何らかの目的があるはずです。

何か原因があったり目的があったりするのですから、担任の先生が闘うべき相手は、子どもたちではなく、それらの原因や目的であるはずです。

それが具体的に何なのかは簡単にはわからないかもしれません。

しかし、子どもたちが荒れた言動を見せた際に、子どもたちを注意したり叱責したりする前に、「この子たちがこのような荒れた行動をとる目的は何なのだろうか」「子どもたち

がこのような荒れた行動をとるようになった原因は何なのだろうか」と、視点を変えて考えてみるとよいと思います。

背景を探ってみる

荒れた学級といっても、全員がいつも荒れた言動をとっているわけではありません。中には、精一杯真面目に生活しようとしている健気な子たちもいます。荒れた言動をとる子が、時に素直な一面を見せることもあります。

そのようなタイミングで、子どもたちに話を聞いてみるのも１つの方法かもしれません。

「いつごろからクラスが荒れてきたと思うか」
「きっかけになる出来事は何だと思うか」
「どうして荒れてしまったと思うか」

などについて子どもたちから聞くことができたら、その後の学級経営に大いに役立ちます。子どもたち自身も困っている問題を、一緒に解決するスタンスです。

(4)「損切り」をする

損切り

「損切り」という言葉があります。次のような場合に使います。

Aさんは、A社の株を1株100円で1万株買いました。

でも、買った株がどんどん下がり、1株80円になりました。

Aさんはここで迷いました。

このまま株を持ち続けて、値上がりするのを待つか、もっと下がらないうちに売ってしまうか、です。

迷った末に、Aさんは株を売ることにしました。これ以上、取引のダメージが大きくならないようにと考えたのです。

これが「損切り」です。

たとえ損をすることがわかっていても、これ以上悪い結果になる前に手を打ち、損を確

定してしまうということです。

学級経営でも損切りをする

学級経営でも、損切りの考え方が必要な場合があります。

例えば、崩壊学級を回復させるために、担任の先生の得意実践である「朝の素読」を始めたとしましょう。

始業前の５分間、全員で『論語』を読むことにしました。

ところが、子どもたちは素読をするどころか席にも着かないので、実践が少しも進みません。

先生は焦って何度も注意するので、ますます雰囲気が悪くなっていきます。

学級の力が素読ができるまで高まっていなかったわけです。

こんなときは、潔くこの実践をやめてしまいましょう。

損切りです。

やめることで、さらに注意をするという悪い結果を、未然に防ぐことができます。

(5)「できなくてもOK」と自分を洗脳する

無言のプレッシャー

学級担任は、常に無言のプレッシャーを受けています。

管理職の先生や同僚や保護者が、学級経営がうまくいっているかどうかを、子どもの姿から評価しようとするからです。

学級担任としては、**特別に意識をしなくても、常に「もっとよい子どもたちにしなければ」「もっとよい学級にしなければ」という思いを抱かざるを得ません。**

多少のプレッシャーはモチベーションを高めることにつながりますが、それが高じると様々な弊害が生じます。

例えば、子どもたちの失敗や望ましくない行動、成長が見られないことなどへの不満から、子どもたちに過度に要求したり、厳しく迫ったりしてしまいます。

その結果、子どもたちの心が担任の先生から離れてしまったり、子どもたち同士の関係が悪くなったりします。

できないことは悪いことではない

しかし、「できないことは悪いこと」なのでしょうか。

生まれたばかりの赤ん坊は何もできませんが、あれほど多くの幸せをまわりの人たちに提供しています。

そう考えてみると、できないことが必ずしも悪いというわけではないとわかります。

赤ん坊は何もできませんが、純粋で素直で精一杯という点で、すばらしい存在です。

崩れてしまった学級の子どもたちも、表れる言動は望ましくないものかもしれませんが、**集団に居場所を求めるために、それぞれができることを精一杯やっていると考えれば、その点では立派なことかもしれません。**

「できなくてもＯＫ」と、何度も自分自身に言い聞かせましょう。

(6)最低限、学習権は保障する

結果と目標を混同しない

「できなくてもOK」と考えるのは大事なことですが、それは、できないことを目標とするのとは違います。

目標はあくまでもできるようになること、成長することです。

子どもたちには目標に向かって努力してほしいですし、担任の先生は子どもたちが少しでも成長できるよう指導しなければなりません。

ただ、その結果として、たとえできなくてもそれはそれでOKということです。

小学校教育の目的は「義務教育として行われる普通教育のうち基礎的なものを施すこと」(学校教育法29条)ですから、それを当然行わなければならないのは言うまでもないことです。

子どもたちの学習権を保障する

学校で行われる活動の中心は授業です。

授業を通して、普通教育が子どもたちに施されるわけです。

ですから、授業が成立することが、教室では最低限必要になります。

これは、子どもたちの学習権を保障するということでもあります。

学習したいという子が安心して学習できるよう、その点だけは学級担任として腐心しなければなりません。


他の子の学習の邪魔をしたり、授業を妨害したりする行為には、冷静にきちんと注意をしましょう。


それでも邪魔や妨害行為が目に余る場合は、管理職の先生と相談のうえ、保護者を交えて話し合うことも必要です。

自分だけで抱え込まないようにしましょう。

(7)何らかのアプローチはやめない

見捨てないということ

本書の読者の先生方は、崩壊学級を立て直そうという強い意気込みで、自分のもてるスキルを最大限に発揮して、子どもたちのためにがんばっていることでしょう。

ところが、目の前の子どもたちはなかなか先生の気持ちを理解せず、状況にほとんど変化が表れないかもしれません。

そういう状況が続けば、どんなに強い意気込みで臨んだ先生でも、だんだんと不安感が増してきて、意欲が減退していくでしょう。

毎日の学級の様子に疲れてしまって、取り組む気力が生まれないかもしれません。

しかし、そんなときでも、何らかのアプローチは続けましょう。

先生が何もしなくなれば、子どもたちは見捨てられたと受け取るかもしれません。

そうなったら、それこそ、ここまで築いてきた先生の努力がむだになってしまわないとも限りません。

小さなことを続ける

何でもいいので、小さなことを続けてみましょう。

黒板にメッセージを書いてもいいと思います。

本の読み聞かせもいいでしょう。

よい詩を印刷して配り、先生が読んであげてもいいかもしれません。

先生の子どものころのエピソードを話してあげたり、日頃思っていることを話してあげたりしてもいいかもしれません。

交換日記もいいですし、子どもたちに順番にハガキを出すのもいいものです。

こんなアプローチを、**見返りや結果を気にせずに続けてみましょう。**

子どもたちとの関係を切らないことにもなります。

(8) まずは「らりれ」から

何を言うか、だれが言うか

テレビ番組で、コメディアンの方と著名な経済学者の方が、今後の日本経済の動向について意見を述べていたとします。

みなさんは、どちらの方の意見をより信用しますか。

今度は、同じ2人が、人を笑わせるコツについて意見を述べたとします。

みなさんは、どちらの方の意見をより信用しますか。

前者では経済学者の方、後者ではコメディアンの方の意見ではないでしょうか。

このように、ある情報を信用するかどうかは、その情報の内容と同時に、情報の発信者による、ということがよくあります。

つまり、「何を言うか」と同時に「だれが言うか」が大事だということです。

言い換えれば、情報を伝えるためには信頼も大事だということです。

先に信頼関係をつくる

「らりれ」とは、前章にあげた「学級リカバリーのための『らりるれろ』」のうちの、

ら…ラポール
り…リレーション
れ…レクリエーション

のことです。

崩壊学級を担任した初期は、特にこの3つに力を入れ、この3つを優先して子どもたちに応対するとよいでしょう。

信頼関係と人間関係を築いてからならば、先生の言葉も受け入れられやすくなります。

(9)「違い」と「嫌い」を混同しない

子どもとの相性

子どもが好きだから教師になったという人は多いでしょう。

また、子どもが好きだから教師を続けていられるのだと思います。

それでも、教師も人間ですから、相性というのはあります。

「どうもこの子とは話しにくいなぁ」「この子の仕草とか話し方とかがどうしても気になって仕方がないなぁ」などと感じることがあるのも自然です。

普段はあまり気にならないし、1／30のかかわりですから、仕事に差し支えるほどのことはないでしょう。

しかし、その子が崩壊学級の中心的な子だとすれば、頻繁にかかわらざるを得ません。

「その子とは相性がよくないから…」と、対応に躊躇することはできません。

どうすればよいでしょうか。

「違い」は「嫌い」とは違う

私たちの脳は、自分と異質のものを拒む傾向があるようです。

自分と異質のものは、自分を害する危険性があるからでしょう。

ですから、自分が経験したことのないものや、自分と考え方が異なるものに好意を抱くことはあまりありません。

つまり、「違うもの＝好きではない＝嫌い」という思考に陥りやすいのです。

そうすると、実際には自分とは単に考え方が違っていたり、判断の基準が違っていたりするだけなのに、その人のことを嫌いだと思い込んでしまうことがあります。

ですから、いつでもこのように自問しましょう。

「嫌いじゃなくて、違っているだけではないだろうか」

子どもたちにしても、単に違っているだけという場合が多いのです。

具体的な生活指導

(1)あなたを見ているよ

承認欲求を満たす

基本はここからです。

人にはだれでも承認されたいという欲求があります。

子どもたちが目立った行動をとる背景には、承認欲求が少なからずあります。

その欲求が満たされないと、満たされようとますますいろいろなことをするようになり、

それでも満たされないと反抗するようになり、それでも満たされないと無気力になってい

きます。

まず、子どもたちの承認欲求を満たすことを心掛けましょう。

ほめるより認める

子どもたちの行動をほめるのもよいのですが、いつでもほめられるわけではありませんし、ほめるのは意外に難しいものです。

もっと簡単な方法があります。

それは、その子を見るということです。

さらにできれば、見たことを表現するということです。

その子に視線を送りましょう。アイコンタクトです。

さらにできれば、**「あいさつしていたね」「5行書いたね」「全部終わったね」「宿題出したね」など、その子の言動を表現してあげましょう。**

(2)あなたが大切

存在を認める

何かよいことをすれば認められ、何か悪いことをすれば叱られ、そういうことを繰り返して人は成長していくものです。

ただし、それは活動する勇気というエネルギーが十分にある場合です。活動のエネルギーが十分にあれば、失敗しても叱られても次の行動にチャレンジすることができます。

崩壊学級の子どもたちの中には、失敗したり叱責されたりして、活動する勇気というエネルギーが少なくなってしまっている子がいます。

こういう子は、ほめられるようなことをする勇気を失っているので、ほめられる機会も多くありません。

こういう子には、**「何もしなくてもそこにいるだけで先生にとってはありがたい」とい**

うメッセージをできるだけたくさん投げかけてあげましょう。

学校に来てくれてありがとう

ある子が学校に来なくなったらどうなるでしょうか。

学級担任の先生は、その子の対応に多くの時間を割くことになり、心労も増して大変な思いをするはずです。

そう考えると、子どもたちが毎朝学校に来て、教室の自分の席に座っているということが、とてもありがたく思えてきませんか。

このことに対して、声に出してありがたさを伝えてみましょう。

「今日も学校に来てくれてありがとう。君が来てくれて、先生は本当にうれしいよ」

学級全体に伝えてもよいですし、時には一人ひとりと握手をしながら伝えてもよいでしょう。

(3)担任を理解してもらう(遊び、お話)

わかるから親しくなる

はじめて見る食材を食べるのには勇気がいります。はじめて会った人と話すときは、最初は手探り状態です。

相手のことがよくわからないと、警戒心が先に立ってしまい、親しめなくなります。一方で、相手のことがよくわかっていると安心できます。

子どもたちも、年度はじめはどんな先生なのかと警戒したり期待したりしているでしょう。それまで学校の中で何度も交流があったとしても、担任の先生というのは特別です。優しい先生なのか、厳しい先生なのか、おもしろい先生なのか、真面目な先生なのか、運動は得意なのか、一緒に遊んでくれるのか、そんなことをおぼろげに考えています。

ですから、担任の先生としては、子どもたち一人ひとりを理解すると同時に、**自分自身を子どもたちにわかってもらう努力をした方がよい**のです。

遊んだり、話したり

子どもたちと親しくなり、子どもたちに理解してもらうには、休み時間に一緒に遊んだり、おしゃべりをしたりするとよいと思います。

高学年の女子はおしゃべり中心で、それ以外は遊び中心でよいでしょう。

授業中のちょっとした時間に、先生の子どものころの話をしてあげるのも、先生を子どもたちにわかってもらうには有効です。

よくやっていた遊びの話、小学校の先生の話、友だちの話、失敗した話などは、子どもたちも興味をもって聞くでしょう。

そういう話の中に、ちょっとずつ自身の学級経営についての考え方とか、生活するうえで大切に思っていることなどの話を入れていくとよいと思います。

子どもたちが関心をもつような話をたくさんすると、聞く態度もよくなります。

(4)つながりをつくる(ゲーム)

ふれ合ってつながる

子どもたちとのつながりができれば、それだけ指導もしやすくなり、崩壊学級をリカバリーしやすくなります。

ふれ合いを通して、子どもたちとつながっていきましょう。

一度崩れてしまった学級では、子どもたちはどちらかと言えば、授業や活動に対して真剣に取り組まないことが多かったと思います。

そこにいきなりきちんとした授業や活動を行っても、興味関心をもって取り組む子は少ないでしょう。

こんなときは、ゲームを取り入れて楽しく活動するのがおすすめです。

先にも紹介した「レクリエーション万能ルール」で、どんな活動でもゲームにすることができます。

1　名前を「○○大会」にする（これだけでグッとレクリエーションっぽくなる）
2　競争する（速さでも、大きさでも、回数でも、何でもいいから競う）
3　得点制にする（得点はグループごとに蓄積しておくとよい）

先生とのふれ合いを入れる

ポイントは、**ゲームのどこかに必ず先生とふれ合う時間を入れる**ことです。

例えば、「要点探しゲーム」ならば、「5つ探したら先生に1回見せる」、「さわり鬼」ならば、「つかまっても先生の背中にタッチすれば逃げられる」などとルールを決めて、先生とふれ合います。

ふれ合う機会が増えるほど、人は自然と親密になっていくものです。

(5)協力を経験させる(班競争)

班競争で協力

1日の生活全体をゲーム化してしまうのが「班競争」です。
短冊黒板などに、左のように、班ごとの得点を記録していきます。

1	正
2	T
3	正一
4	正正
5	正一
6	正
7	正T
8	正

得点が入る条件をいくつか決めておきます。

最初の時期なら、「チャイムが鳴り終わったときに、班全員が着席している」「全員が着席していて黙っている」「教科書が机の上に出ている」などとするとよいでしょう。

班全員ができていないと得点にならないというところがポイントで、お互いに声をかけ合い、小集団を意識させるところから始めます。

協力して作業をさせる

班競争のシステムに慣れてきたら、少しずつ難易度を上げていきます。同時に、班の4人で協力をして作業をさせ、それを得点にするようにしていきます。例えば、4人による国語の教科書のリレー音読の課題を出し、全員で読み切るまでの時間を競います。

かかった時間に応じて得点がもらえることにします。**どの班もある程度の点数が取れる設定にして、どの子も意欲をもって取り組めるようにすることが重要**です。

「4人で白地図にまとめる」「4人で演奏する」「4人でシンクロマット運動をする」など、いろいろと工夫してみましょう。

（6）自尊感情を高める（セルフほめほめノート）

自尊感情が高まれば…

自尊感情とは、「自分には価値がある」「自分は尊敬されるべき人間である」と思える感情のことです。

さらに言えば、「自分は○○ができるから価値がある」ではなく、**「自分は○○ができない、それでも自分という存在は価値がある」**と思える感情です。

自尊感情が高いと、少しのことで落ち込んだり、無気力になったり、感情的に相手を攻撃したりといったことが少なくなります。

逆に言えば、崩壊学級の子どもたちの自尊感情は、総じて低い傾向にあると言ってもよいと思います。

子どもたちの自尊感情が高まってくれれば、学級崩壊から回復する道筋も見えてくるのではないでしょうか。

自分をほめさせる

自尊感情を高めるために、自分で自分をほめる「セルフほめほめ」をしてみましょう。ノートを1冊用意し、「セルフほめほめノート」と書いて、次のように実践します。

第1段階　帰りの会に数分の時間をとり、1日を振り返って、自分でよくできたと思うこと、頑張ったと思うことを具体的に書く。

第2段階　よくできたと思うこと、がんばったと思うことを書いたら、どうしてそれがいいのか、自分のどこがよかったのかを書き加える。

第3段階　1日を振り返って、うまくいかなかったこと、失敗したことを書き、「失敗しても…する」「…した自分はすばらしい」と書き加える。

(7)活動するときに理由や意義を説明する

命令や強制には反発する

学級が崩壊してしまう原因や過程は複雑ですが、大きく分ければ2つの場合があると考えられます。

1つは、**ラポールもリレーションも不十分なまま、厳しく管理だけされた場合**です。

この場合、子どもたちは先生の指示に従わなくなったり無視したり反抗したりするようになり、学級崩壊につながってしまいます。

もう1つは、**ルールを守ることやロールを果たすことが大切にされず、いつも馴れ合っているような場合**です。

この場合、子どもたちはだんだんと先生の指示を軽くみて、自分勝手に振る舞うようになり、学級崩壊につながってしまいます。

どちらの場合も、命令されたり強制されたりすることに子どもたちが拒否反応を示すことがあります。

特に前者の場合、子どもたちとの力比べになってしまいがちで、厳しい管理と強制の繰り返しになってしまう恐れがあります。

活動の理由や意義を伝える

「授業に対する真剣さは様々でいいと思いますが、真剣に授業に取り組もうとしている人のためにも、授業中のおしゃべりは控えてください」

と指示したとします。

この指示の前半を省略し、

「授業中のおしゃべりは控えてください」

とだけ伝えると、命令されている、強制されているという印象が強まります。

強い口調で言えばなおさらです。

子どもたちは、命令や強制には反発心が先に立って、聞き入れにくくなるので、**きちんと理由を説明しながら穏やかに話したり、お願いしたりした方がよい**のです。

(8)指示は短く、一時に一事

聞かない子、聞けない子

崩壊学級の子どもたちは、総じて先生の指示に耳を傾けません。

先生の指示に従わないということが、集団に所属するためのポーズとなってしまっているのですが、そういうことを続けているうちに、聞かないことが当たり前になります。

そうすると、意識して聞かなかったのが、無意識に聞かないようになります。

そうして、**指示を「聞かない」子から、指示を「聞けない」子になってしまいます。**

いずれにしても、先生の指示がうまく伝わらないということにかわりはありません。

今までのように指示をしていても通じませんから、何か工夫をしましょう。

「大きな声で」「何度も繰り返す」ということも工夫の1つには違いありませんが、それでは強制とか命令という印象をもたれやすいので、あまりおすすめできません。

短く、一時に一事

ではどうすればよいでしょうか。

これはもう基本中の基本です。

指示は短く。

一時に一事で。

わかりきっていることだと思いますが、指示が通らずイライラしてくると、このことをつい忘れてしまいます。

いつでも基本に戻ってみましょう。

「教科書を持って、黙って先生のまわりに集まります」

という指示ではなく、

「教科書を持ちます。

（持ったのを確認して）

黙って先生のまわりに集まります」

と指示します。

(9)できる仕事を割り振る

1人1役

子どもたちの学級への所属意識を高めるため、居場所を確保するため、役割を与えることが大事だということを先に述べました。

その際に、「リンゲルマン効果」によって、複数でやるよりも1人でやる方が、人は力を発揮しやすいということから、1人1役にするとよいということも述べました。

では、どのような役割を与えればよいでしょうか。

通常の学級ならば、「クラスのために自分ができることをいくつか考えてみましょう。その中から自分が一番やってみたいことを選びましょう」と投げかけて、まず子どもたち自身に考えさせたいところです。

しかし、崩壊学級では、子どもたちが集団の向上を意識していなかったり、先生の指示を真剣に聞かなかったりする傾向があります。

そこで、**はじめは先生が役割を考えて、子どもたちに選ばせるとよい**でしょう。

難易度を考慮する

役割は、だれでもやろうとすればできることにします。

・窓の開閉
・電気のオンオフ
・黒板拭き

などでよいでしょう。

1人では大変な役割は2人、3人に担当させますが、「黒板の右側を担当する」などのように、役割を明確にしておきます。

これらに「毎日忘れずにやる」「丁寧にやる」「美しくやる」「工夫してやる」「みんなのためを考えてやる」などの条件を課して、難易度を調節するとよいでしょう。

(10)取組の意味と気持ちを共有する

目標を意識する

崩壊学級の子どもたちは、各種の活動や取組に対する意欲が低く、消極的でダラダラと動くことがあります。

そのような態度を見ると、学級担任の先生としてはムッとすることもあるでしょう。

しかし、ここで怒って叱ってみても、今まで述べてきたようにあまり効果はないと考えた方がよいでしょう。

それどころか、逆に反発をされて、学級の雰囲気をより悪くしてしまうかもしれません。

それではリカバリーへの道は険しくなってしまいます。

ここは、即効性はありませんが、各種活動や取組について、その目的や意義、参加する態度や心構え、気持ちなどについて話し合い、それらを共有してみましょう。

共有することで子どもたちの何人かは、目的意識をもって活動したり取り組んだりするようになります。

荒れている子どもたちの中心に変化がなくても、周辺は少しずつ変わっていくわけです。**周辺から少しずつ変えていく気持ちで、焦らずに取り組みましょう。**

掲示して共有する

「学級全体で、あいさつで100回ほめられよう」という取組を、先生が提案して始めるとします。

この取組をすることで、自分たちや学級にどんな成長がみられるか、取り組むにあたってどんな気持ちで臨んだらよいか、をグループで話し合います。

話し合いの結果を集約して、2つか3つの目当てにし、それを教室に掲示します。

教室に掲示することで、取組の意義や取り組む際の心構えを共有します。

ときどきこの掲示を見て、子どもたちに声をかけることも大切です。

(11)ミスには注意ではなくフォローする

勇気をくじかれている子たち

人は、だれからも特に目をかけてもらえない普通の状態でいることに、意外に耐えられないものです。

何とかして目をかけてもらい、認めてもらいたいと思っています。

ですから、**普通でいるには案外勇気とエネルギーが必要**なのです。

望ましくないことをしている子たちは、そのような普通でいる勇気とエネルギーをくじかれてしまっていると考えてみましょう。

なぜくじかれてしまったかというと、それまでの生活の中で、肯定的なストロークを受け取ることが不足し、否定的なストロークを受け取ることが多かったからです。

様々な要因から、否定的なストロークでさえも求めてしまったからです。

そのような子どもたちに、ミスをしたからといって注意をしていたら、さらに否定的なストロークを与えることになってしまいます。

ミスにはフォロー

子どもたちを、けなしたり無視したり、批判したり軽視したりすることは否定的なストロークを投げていることになります。

反対に、称賛したり肯定したり、好意を示したり尊重したり、価値を認めたりすることは、肯定的なストロークになります。

ミスをした子どもたちには、

「ミスに気がついたのは立派だね」

「先生だって同じようにミスするかもね」

「ミスしたって君がいい子だっていうことはわかっているよ」

「ミスしたっていいさ」

「今度はこんなふうにやってみるといいかもしれないね」

などのような**フォローの言葉をかけてあげましょう。**

(12)ルールは最少にして、合意を得る

子どもと先生との合意で

学級は集団ですから、最低限のルールは必要で、それは守られなければなりません。

しかし、崩壊学級はそのルールが守られないからこそ、崩壊しているわけです。

ですから、ただ単にルールをつくったり確認したりしただけでは、絵に描いた餅になってしまう恐れがあります。そこで、ルールを子どもたちとつくったり確認したりした際に、子どもたちと合意を形成するようにします。

例えば、先生は最低限の授業は成立させたいと考え、

「授業中には私語はしない。私語をやめない場合は保護者に連絡する」

というルールを提案したとします。

これに対して子どもたちは、

「いきなり私語禁止は無理。それにすぐに親に連絡するのはおかしい」

と反対したとしましょう。

そこで先生は、

「授業がきちんとできるようにしたい。どのくらいのルールならいい？」

と子どもたちに聞いてみます。

すると子どもたちは、

「３回注意まではいいことにする。３回までは先生も叱らないでほしい。４回注意されたら、休み時間なしくらいの罰ならいい」

と提案しました。

こんなふうに、**先生と子どもたちで合意できるルールをつくります。**

ルールは最小限に

前にも書きましたが、たくさんのルールがあっても守れません。ルールがたくさんあれば、ルール違反もたくさん生まれてしまいます。ですから、子どもたちと合意するルールは必要最小限にします。**先生もきちんとルールを守るのは言うまでもありません。**

(13) 叱りたくなったら「アイメッセージ」を使う

アイメッセージ

先にも述べた通り、「アイメッセージ」とは、「私」を主語にして伝えるメッセージのことです。

次の3つをメッセージに入れるとよいと言われています。

1 先生が気になっている子どもの「行動」
2 その行動が先生に与えている「具体的な影響」
3 その影響のおかげで先生が抱かざるを得ない「感情」

つまり、**「行動」「影響」「感情」の3つ**です。

例えば、授業中に私語が多い子に対するアイメッセージはこうです。

「君が授業中に関係のないおしゃべりをしていると（行動）、先生は話がしづらくて（影響）、イライラしてしまうんだ（感情）」

怒りは第二感情

このような叱り方ならば、叱られた子も比較的受け入れやすいでしょう。

ただし、**口調が厳しかったり、怒りを含んでいたりしては意味がありません。**

怒りは第二感情と言われることもあり、何か別の感情がまずあって、それがもとになって引き起こされると考えられています。

そのもとの感情とは、悲しみだったり、寂しさだったり、愛されたいという思いだったりします。

怒りが沸き起こったらこのことを思い出してみましょう。

そして怒りのもとになる感情に目を向け、それをメッセージに乗せてみましょう。

(14)トラブルの解決法はみんなで考える

トラブルは必ず起こる

校長先生に見込まれた先生が崩壊学級の担任になったとしても、トラブルは必ず起こります。

車を止めようとしてブレーキをかけても、しばらくは前に進んでしまうのと同じように、**子どもたちの望ましくない言動にブレーキをかけても、それまでの言動は急にはなくなりません。**

そう思って毎日を乗り切りましょう。

また、**トラブルを上手に利用することで、トラブルそのものを減らしていくことができます。**

「困った子は困っている子」という名フレーズがあります。

トラブルを起こす子のことを、「トラブルを起こしてしまって困っている子」と捉え、クラス全員で問題の解決に当たるようにします。

何ができるかを考える

小さなトラブルが繰り返されたり、学級にかかわるトラブルが起きたりしたときには、学級会議を開きましょう。

トラブルの解決法をみんなで考える会議です。

ところで、トラブルを解決しようとすると、まずその原因を考えることが多いと思いますが、原因を考えると必ず特定の子の望ましくない言動が話題になります。

そうなると、その子にとってはいたたまれない時間になってしまいます。

そのようなことにならないよう、**原因をことさらに話題にするようなことはしません。**

ここですべきは、**トラブルの解決のため、再発防止のために、一人ひとりが自分にできることは何かを考えること**です。

それを表明し、取り組むことを確認して、会議を終わります。

(15)大物には1回だけ注意する

大物がいたら

いわゆる「大物」と言われる、手強い子がいる場合もあると思います。

先生の指示を無視して勝手気ままに振る舞い、場合によっては他の子を傷つけたり、物品を壊したり、先生に暴言を吐いたりする子です。

このような子も、そういう言動の根源にあるのは、承認の欲求だったり、居場所確保の欲求だったりするのですが、そう考えたところでその子の言動が直るわけではありません。

こういう子は、厳しく注意すれば、反抗して暴言を吐いたり騒いだりします。かといって、何もしなければ、「無視した」としつこく言い寄ったり、もっとエスカレートした言動をとったりします。

こういう子への対応は本当に難しいものです。

ラポールとリレーションがある程度できるまでは、腫れ物にさわるような対応にならざるを得ません。

つかず離れず

子どもは先生を試すように不適切な言動をしてきます。

そのようなときは、冷静に事務的に「1回だけ注意する」と決めておきましょう。

1回は注意しますが、何度も繰り返しません。

注意しても聞き入れず、不適切な言動を繰り返すと思いますが、深入りはしないでおきましょう。

そして、**左手にはいつも「見えない白旗」を握っておくこと**です。

降参することは悪くありません。

むしろ、**相手を必ず変えることができると思って、強引な対応を続ける方が傲慢**です。

手に負えないときには、他の人の助けを求めましょう。

(16) 6割の子を伸ばす

2―6―2の法則

「2―6―2の法則」とは、人が集団をつくると、自然に、2割が上位、6割が中位、2割が下位になるという法則のことです。

これと似たものに「パレートの法則」というものもあります。

こちらは、集団全体の数値の大部分は、集団を構成する一部の者が生み出しているというもので、「2割8割の法則」と言われたりします。

崩壊学級に当てはめれば、問題行動の8割は、学級の2割の子どもが起こしているということになり、何となくうなずけます。

そう考えると、**崩壊学級とはいえ、不適切な言動が多い子は全体の2割程度で、残りの8割の子は不適切な言動がまったくないか、あってもわずかということになります。**

「2―6―2の法則」に当てはめれば、2割の子は不適切な言動が多く、6割の子は不適切な言動があってもわずか、２割の子は真面目で優秀、ということです。

ターゲットは6割の子

では、「2―6―2」のどこの子をターゲットにして学級を経営したらよいでしょうか。

普通に考えると、ターゲットは不適切な言動の多い２割の子です。

しかし、この子たちは容易には変わりません。

変化が見えにくいので、子どもたちの意識も変わらず、先生も疲れます。

そこで、ターゲットにすべきは６割の子ということになります。

この子たちには指導の成果が現れやすいからです。

６割の子をターゲットにして学級を経営し、６割の子を増やしていきます。

つまり、**2割の子に近い6割の子を成長させることで、2割の中に入っている子を、6割の子の方に引き寄せるようなイメージ**です。

(17)リスタートセレモニーを行う

事前アンケート

学級のリカバリーに着手して1か月程度経った時点で、「リスタートセレモニー」を行ってみてもよいかもしれません。

新しい学級を目指して、子どもたちと先生が協力して、再出発を確認するのです。

まず、リスタートセレモニーを行う期日を子どもたちに伝え、リスタートセレモニーの概要も説明しておきます。その際に、**事前アンケートに答えてもらいます。**

以下は、アンケートの内容例です。

1　学級は居心地がいいか。（　はい　いいえ　）
2　学級は協力的か。（　はい　いいえ　）
3　学級にいじめはあるか。（　はい　いいえ　）
4　今の学級をどう思うか。（　自由記述　）

5　今の学級をどう改善したいか。（　　　自由記述　　　）
6　先生への注文があれば。（　　　自由記述　　　）

リスタートセレモニー

以下は、リスタートセレモニーの内容例です。

1　アンケート結果の発表。
2　子どもたちの目指したい学級像の発表（事前に集約しておく）。
3　先生の考える学級の姿の発表。
4　先生への注文に対する先生の対応の発表。
5　目指す学級になるための取組やルールについての話し合い。
6　各自の決意の表明。
7　先生が「今までのことは白紙にして、今日からいいクラスをつくろう」と宣言。

⑱ 1on1ミーティングを行う

1on1ミーティングとは

「1on1ミーティング」とは、組織において、上司と部下が1対1で行う対話のことです。

学級で言えば、学級担任の先生と子どもとが1対1で対話をすることです。

学校でよく行われている教育相談などと、形式も内容もほぼ同じです。

でも、教育相談は、子どもたちにとって悩みや困ったことを聞かれたり告げ口をしたりされたりするという印象があるので、1on1ミーティングとかっこよく言っておくとよいと思います。

また、1対1での対話は、他の子に話が聞こえないような場で行うことが基本ですが、2人きりで話すのは、いろいろな意味でよくありません。

2人で話していることがまわりから見えるけれども、話の内容までは聞こえないという

場が理想的です。

ミーティングの内容

「１ｏｎ１ミーティング」では、次のような内容を中心に話し合います。

- 今の学級で困っていることや嫌だと思っていること
- 今の学級でよかったことやうれしかったこと
- 子どもたちの今の希望や夢、将来の夢
- 希望や夢の実現に役立つことで、今学級でできること

全員、同じ内容、同じ時間で行います。

たとえきちんと答えてくれなくても、先生と話すことに意義があります。

具体的な授業実践

(1)プリント学習は意外に有効

比較的静かに取り組める

崩壊状態が続いていると、子どもたちの集中力や忍耐力が落ちてきます。学習への関心も意欲も高くありません。

そのような状況ですから、深く考えるような授業や、忍耐強く練習を続けるような活動が成立するのは稀です。

そのような状況で、意外に効果的なのがプリント学習です。

練習問題を印刷して配り、一定時間問題を解いてから答え合わせをするというものです。

プリントを配って問題を解くよう指示すると、比較的静かに問題に取り組みます。

プリント学習が成立する理由

プリント学習が崩壊学級でもある程度成立するのはなぜでしょうか。
次のような理由からではないかと考えられます。

・やることがはっきりしていて、わかりやすい。
・しゃべらずにできる。
・説明や指示がほとんどいらない。

何をしたらいいのかわからないからおしゃべりが始まってしまいます。
プリント学習はそれがありません。
うまくいくなら、多用するとよいでしょう。

（2）授業の山場は早めに

待てない子を待たせない

授業には山場があります。

中心となる活動です。

中心となる活動の前には、その活動の準備として、前時の復習があったり先生の説明があったりノートの準備があったりします。

通常の学級はこの流れでいいのですが、崩壊学級では少し工夫が必要です。

子どもたちは授業への集中力が低下しているので、淡々とした授業はつまらなくてついてきません。

そこで、**事前の準備はできるだけ短くして、子どもたちをなるべく待たせないようにします。**

いきなり山場でもいい

例えば、先生が事前に自動車の部品をつくっている工場に行って、作業の様子をビデオに撮ってきたものを見せるとします。

このビデオを見て、そこから気づいたことをグループで話し合うことを、山場の活動として設定していたとします。

通常ならば、前時の流れを確認して本時の内容につなげ、ねらいを提示して、どんな活動をするか説明し、それからビデオを見せるでしょう。

しかし、子どもたちは事前の準備の時点で飽きてしまいます。

そこで、いきなり、

「先生はある工場に行って、作業の様子をビデオに撮ってきました。今からそれを見せます。作業や工場の工夫を5つ以上見つけてください」

と説明してビデオを見せます。


早いうちから授業に引き込んだ方が、たとえ途中で飽きても、学習になります。

(3)モジュール授業で切り替え

モジュール授業とは

「モジュール授業」とは、1単位の授業時間を複数に分けて、弾力的に運用する授業形態のことです。

例えば、45分授業を15分・15分・15分の3つに分けて、①国語の音読や漢字練習、②算数の計算練習、③社会科の都道府県の暗誦のように行います。

崩壊学級は、集中力や持続力が低下している子が多いのですから、45分間はもたないと思った方がよいでしょう。

そこで、45分間を15分・15分・15分の3つに分けたり、15分・10分・10分・10分の4つに分けたりして授業を行う方が効果的な場合も多いと思います。

モジュール授業にはいくつかの考え方があるので、**学級の様子を見ながら、最もうまく機能するやり方で行うとよい**と思います。

モジュール授業の方法

1単位時間を複数に分けるというのが基本です。次のような方法が考えられます。

1　同一教科で活動内容を変える

算数の時間ならば、①先生の説明とビデオ視聴、②各自で考えたりまとめたりする、③計算ドリルを解く、などのように活動内容を事前に知らせておきます。

2　別の教科の学習をする

前記のように、①国語、②算数、③社会と、異なる教科の学習をします。

3　基礎的基本的な内容を反復する

①音読、②漢字練習、③計算練習、④都道府県暗誦、⑤フラッシュカードのように、基礎的・基本的な内容を反復します。

（4）時にはレベルを下げてできるとうれしい

わからないと問題に取り組む気になりません。

取り組んでもできないと続ける意欲がわきません。

やってみてできると、うれしくなって次もやってみようかと思います。

ですから、時にはレベルを下げて、やさしい問題に取り組むのもよいものです。

やさしい問題をどんどん解いていくと、作業興奮が起こってさらに問題に取り組めるようになります。

そういうことを体験することが大事です。

ただし、あまりに簡単過ぎても飽きてしまうでしょうし、そんなに簡単な問題が解けても自信にはなりません。

量や速さで調整する

あまりにも簡単な問題でも、チャレンジ意欲を高めることはできます。

どうするかというと、**ゲーム化**です。

たとえ1桁のたし算でも、問題が１００題印刷されていて、それを60秒で行うとなれば、簡単過ぎるとは言えないでしょう。

また、１桁のたし算の問題が２００題印刷されていて、それを60秒で何問解けるか挑戦するとなれば、やる気も出るでしょう。

同じように、現在学習している内容の最も基本的で簡単な問題を数多く印刷し、同じように行えば子どもたちも意欲的になります。

こんなふうに、時にはレベルを下げて、ほとんどの子ができる問題に取り組むのも楽しいものです。

何より「授業が楽しい」という体験をさせることが大事です。

(5)ちょっとした活動を取り入れて

座学は苦手

崩壊学級の子どもたちは、座学が苦手です。
座学とは、講義形式の授業です。
黙って先生の話を聞いたり、1人でじっくりと取り組んだりすることが苦手なのです。
ですから、それと反対の活動をすればよいわけです。
座学の反対は、**実技・実習・実地**です。

実技…実際に行うこと。体育も音楽も図工も実技教科です。
実習…座学で学んだことを、実物を見たり、実際に行ったりして、学習すること。
実地…実際に体験してみたり、その場に行って学んでみたりすること。

これらを意識するだけで、授業への意欲を高めることができるでしょう。

活動を工夫する

座学が中心なのは、国語や算数、社会や理科です。

これらの教科にも実技や実習はありますが、座学が中心になりがちです。

そこで、**座学中心の授業の中にも、ちょっとした実技や実習の時間を入れてみましょう。**

例えば、国語の授業ならば、物語文の挿絵のない場面の挿絵をかいてみたり、説明文で説明されているものをグラフィックソフトでかいてみたり、ブロックでつくってみたりします。

算数の授業ならば、文章問題に登場するものを実際に準備したり、粘土でつくったりして問題を解いてみます。

社会ならば、都道府県のジグソーパズルをつくったりしてみます。

このような工夫を子どもたちと考えながら、授業を進めます。

授業の進度はやや遅れるかもしれませんが、子どもたちの意欲は高まります。

(6)傍観者をつくらない

参加しやすい活動を

授業の傍観者をつくらないということは、どんな学級でも基本中の基本ですが、崩壊学級では特に、授業の傍観者をつくらないことが大事です。

そのためには工夫も必要です。

例えば、国語の授業で次のように発問したとします。

「ごんと兵十との関係をひと言で表すとすれば、何という言葉で表せますか？」

この発問に正答できる子は少ないでしょう。

もちろん、誤答でもかまいませんし、むしろ誤答の方が授業を進めるうえではありがたいのです。

しかし、誤答を許容する学級の雰囲気ではないでしょうから、誤答でもいいから自分の考えを書こうという子も少ないでしょう。

そうすると、自然と授業に参加しない子が出てきてしまいます。

ところが、この発問を、

「ごんと兵十との関係をひと言で表すとすれば、『敵対』『友人』のどちらでしょう?」

とすれば、全員がどちらかを選ぶことはできます。

このような工夫があれば、傍観者を少なくすることができるでしょう。

「傍観者をつくらない」という意識が大事

傍観者をつくらない工夫は、「傍観者をつくらない」という意識から生まれます。

適切な工夫ができない場合も多いと思いますが、「傍観者をつくらない」と意識することはいつでもできます。

そういう意識をもって授業を進めましょう。

1つの声かけでも、1つの励ましでも、やらないよりはずっといいのです。

(7)ＴＴで少人数指導

ＴＴは効果的

崩壊学級対策でよくとられるのが、ＴＴによる指導です。

学校の状況が許せば、ＴＴによる授業を行うとよいと思います。

ＴＴで授業をすることで、先生の目が一人ひとりの子に向けられる機会が増えるので、子どもたちも「見られている」という意識が高まります。

「見られている」と思うと、「しっかりやらなければならない」という気持ちと、「認められているからがんばろう」という気持ちが高まります。

その結果、授業に取り組もうとする意欲が高まります。

また、**学級担任以外の先生が教室にいるということも、子どもたちにとっては適度な緊張感になります。**

２人以上の先生がいるので、不測の事態にも対応しやすく、先生も安心して授業ができるでしょう。
普段から真面目な子どもたちも、安心して授業に参加できます。

クラスを分けても効果的

1つのクラスに2人以上の先生が入るTTも効果的ですが、**クラスを2つ以上に分けて少人数で行うTTも効果的**です。

同じクラスにいると、相乗効果でより騒がしくなったり、授業に集中できなくなったりする子どもたちが、別々の教室で学習することにより、相乗効果が現れなくなるからです。

また、全体の人数が少なくなることで、「見られている」という意識も高まります。

どの子とどの子を分けてチームをつくるのか、ということに腐心しなければなりませんが、うまく機能すると授業がよりスムーズに行えます。

2種類のTTを試してみるとよいでしょう。

(8)テレビやネット動画の活用

テレビやビデオを見せるだけでも

いつの時代も、テレビやビデオは子どもたちに人気です。

授業中に見せれば、集中して見るでしょう。

見ているだけでも学習になるよう、配慮してつくられているものも多いので、見せておくだけでも学習になります。

ざわついていて授業が成立し難い場合は、試してみるとよいでしょう。

テレビやビデオを見せることのよさは他にもあります。

それは、**先生が指示や説明をしなくてもよいので、子どもたちの姿に目を配ることができる**ということです。

何度も述べますが、「見られている」という意識が、子どもたちの態度をよくさせたり、意欲を高めたりするので、先生が子どもたちをよく見ているということは、とても大事なことなのです。

よく見て、子どもたちの態度や気づきを認めたりほめたりすることができれば、効果はさらに高まるでしょう。

インターネット上の動画も使える

ＮＨＫの教育番組や市販の学習ビデオの他にも、インターネット上には学習に役立てるためにつくられた動画がたくさんあります。

そのような動画も、テレビやビデオと同じように使うことができます。

教室でもインターネットにつながる環境ならば、そのままつないでテレビで見ることができるでしょう。

もしも教室ではインターネットにつながらないならば、**事前に動画をダウンロードしておけば大丈夫**です（ダウンロードＯＫのものだけ）。

(9)コンピュータの活用

コンピュータソフトで学習

テレビやビデオ、インターネットの動画と同じく、子どもたちの興味・関心を引く教具として、コンピュータがあります。

今はどの学校にもコンピュータが導入され、コンピュータ室が整備されているので、使おうと思えば比較的自由に使えるでしょう。

コンピュータソフトのよさとして、次のことが挙げられます。

・現実に近い環境を見せてくれる
例えば、立体の学習で立方体や直方体を辺で切って開いていき、展開図のようになっていく様子を見せることができます。

・動く、動かせる

速さの学習では、実際にものが動いた方が理解が進みますが、教科書では動かすことはできません。コンピュータならば画面上で動かすことができます。

・問題を大量に生成できる
計算問題や社会科や理科の知識を試す問題などのプリントを、何枚でも大量につくることができます。

・何度でも再現できる
漢字の筆順や理科の実験の手順など、子どもたちが十分に理解できるまで、何度でも再現することができます。

コンピュータの操作の学習

コンピュータを活用するには、コンピュータの操作に慣れなければなりません。コンピュータの操作に慣れるための学習も適宜行います。

普段は授業に消極的な子たちも、意外に活躍できるのがコンピュータの操作です。

第5章
ちょっと欲が出てきたときの学級ステップアップ術

マインドセット

(1)「るろ」を始める

到達目標の再確認

「ちょっと欲が出てきた」ということは、崩壊学級から回復の兆しが見えてきたということです。

そこでもう一度、先生の目標を確認してみましょう。

先に、次のような「到達目標の3段階」をあげました。

第1段階／教師が休まず何とか1年間を乗り切るクラス
第2段階／やや荒れ～普通のクラス
第3段階／「さすが○○先生！」と言われるいい感じのクラス

そして、先生自身の性格や指導技術や生活環境と子どもたちの実態を考えて、無理のない到達目標を設定することが、先生にとってベストだと述べました。

第1段階の目標を達成するだけでも十分ですので、ここでもう一度自問してみましょう。

「るろ」とは「ルール」と「ロール」

次の段階に進むには、「ルール」と「ロール」についての指導が必要になります。

やや厳しい指導もしなければなりませんので、子どもたちがそれを受け入れるまでになっているか、しっかりと見極めてください。

(2)いざというときは先生の本気を見せる

受け入れられるか見極める

ルールを守ることとロールを果たすことは、集団の秩序を保つうえで不可欠です。

ところが、崩壊学級の子どもたちはこの2つが苦手です。

それまで勝手気ままな言動で自由にやってきているので、ルールに縛られたり、面倒な役割を果たしたりしたくないのです。

認められてもほめられても、面倒なものは面倒で、嫌なものは嫌です。

そのような面倒で嫌なことを子どもたちにさせるには、ある程度の強制力はどうしても必要になります。

また、特定の子だけは規則を守らなくてもよかったり、役割を果たさなくてもよかったりすると、他の子の意欲も半減してしまうでしょう。

そうならないために、守らない子ややらない子を叱る機会が増えてきます。

そのとき、子どもたちは先生の叱責を受け入れられるでしょうか。

ここが大きなポイントです。

受け入れられないのに厳しく叱れば、学級の回復は止まってしまうかもしれません。

ここは慎重に見極めたいところです。

先生の本気を見せる

子どもたちが先生の叱責を受け入れられると判断したら、先生の本気を見せましょう。

声を荒げたり怒鳴ったりする必要はありませんが、声に力を込めて、決して譲らないという気魄を込めて伝えることが大切です。

このとき、

「君がルールを守らないから、みんなが迷惑する。だから守りなさい」

という言い方ではなく、

「君がルールを守れば、みんなが助かる。だから守りなさい」

というような、プラスからプラスのメッセージにして伝えるとよいでしょう。

(3) 先生への信頼を取り戻す

先生を信頼できない子どもたち

崩壊学級の子どもたちは、先生への信頼感が低くなっています。

先生が何をしても学級がよくなっていかなかったのですから、ある意味当然です。

先生を信頼していないということは、先生がやろうとすることにもあまり協力的ではないということになります。

この意識をどこかで覆していかなければなりません。

先生への信頼を取り戻すということです。

先生への信頼を取り戻さない限り、子どもたちは先生に本音を言いません。

何か問題が起こっても、先生に報告しないかもしれません。

学級をリカバリーしていくには、先生への信頼を取り戻すことが不可欠です。

有言実行

どうすれば、信頼を取り戻すことができるのでしょうか。

そのためには「有言実行」しかないと思います。

リスタートセレモニーを実施していれば、その中で先生の考える学級像や、子どもたちの要望に対する先生の対応などを表明していると思います。

もしも、リスタートセレモニーを実施していなくても、どこかの機会を捉えて、先生の考える学級像や、学級像を実現するために先生がやろうとしていることを表明するとよいと思います。

そして、そこで表明したことを、一つひとつ着実に実践していくことです。

表明したことを誠意をもってやり遂げようとする先生の姿が、子どもたちの成長を促すことにもなります。

このようにして子どもたちの信頼を取り戻しましょう。

（4）「教室は公の場」という意識をもたせる

公私混同

自分勝手に振る舞うということは、別の言い方をすれば、公私を混同しているということでもあります。

自分の家なら、ある程度自分勝手に振る舞っても許されますが、公の場ではそうはいきません。

そのことを混同して、教室でも勝手に振る舞っているのが、崩壊学級での荒れた子どもたちの姿です。

場をわきまえていないのです。

公私混同を改めて、教室は「公」の場だという意識を子どもたちにもたせたいものです。

どうしたらよいでしょうか。

先生の言動を見せる

先生自らが、公私混同をせずに「公」を意識した言動をすることで、まず子どもたちに「公」の姿を見せましょう。
具体的には次のようなことを心掛けましょう。

丁寧語を使う
子どもたちには丁寧語で話します。授業以外の時間も注意するときも丁寧語で。

名前を「山中さん」と姓で呼ぶ
下の名前で呼んだり、愛称で呼んだりしないようにします。

礼儀正しく振る舞う
あいさつやお辞儀やプリントを配るときなど、大人相手のように礼儀正しくします。

（5）自分自身を俯瞰して見る

勝って兜の緒を締めよ

「勝って驕らず、負けて腐らず」という言葉があります。

「勝って兜の緒を締めよ」ということわざもあります。

いずれも、「成功しているときこそ、油断せず、用心深く事に当たることが大切だ」ということを伝えています。

人は事が上手く行っているときは、つい気が緩んでしまい、普段ならば注意することでも見逃してしまったり、自分の行動を規制しなかったりすることがあります。

そのことがきっかけになって失敗し、せっかくの成功が水の泡となったり、低迷してしまったりします。

これは崩壊学級からのリカバリーを目指して実践をしているときにも言えます。

学級が少しずつよくなってきているという手応えを覚えると、「あれもできそうだ」「こ

れもできそうだ」という気持ちになっていきがちです。

そんなときに、油断からの失敗が起こります。

自分自身を振り返る

学級が少しずつ回復しつつあるという手応えを覚えたときこそ、もう一度、どのような対応をしていくのかを確認してみましょう。

自分自身の実践を客観的に見て、崩壊学級対策で留意しなければならないことを忘れていないか自己点検をします。

特に、それまで荒れていた子どもたちへの対応が疎かになっていないでしょうか。

今まで特に配慮していた子たちへの配慮がなおざりにされていないでしょうか。

学級が回復してきたこの時期に、さらに力を入れることで、回復が順調になって行くのので、改めて振り返る機会を設けましょう。

(6)方針を伝える

先生の思いを述べる

子どもたちが、先生の話に耳を傾けるようになってきたら、先生の思いを改めて伝えることで、子どもたちのあるべき姿を示しましょう。

・この学級を担任することになったとき、どんなことを考え、どんな学級づくりをしようかと考えたこと。
・担任した最初のころは、子どもたちの様子に戸惑い、毎日これでいいのかと悩みながら学校に来ていたこと。
・そんな中でも、子どもたちの姿が見られると、うれしくてやる気と元気が湧いてきたこと。
・考えていたような姿がだんだんと見られるようになり、先生が目指す方向に向いてきていること。
・この方向に学級が伸びていってほしいと先生は思っていて、そのためにこれからこんな方針で学級をつくっていきたいと思っていること。

このようなことを中心に、子どもたちに伝えるとよいと思います。

信頼感があるか見極める

先生の思いを子どもたちに語る場合、子どもたちが先生のことを信頼していなくては、絵に描いた餅になってしまいます。

絵に描いた餅として終わるだけならまだいいのですが、**先生の思いや語りを揶揄したり、冷めた目で聞いていたりすると、その後の学級経営によい影響を与えません。**

子どもたちが先生をある程度信頼するようになっているか、先生の話を真面目に聞くようになっているかを見極めることが大事です。

そうなっていない場合は、思いを述べるのはもう少し先にします。

（7）子どもを頼る

先生からアクションを起こす

崩壊学級の初期は、子どもたちは先生を信頼していません。

同時に、先生もまた子どもたちを信頼しきれていないでしょう。

お互いに疑心暗鬼で、心から安心することができない状態です。

そういう状態から少しずつ回復してきて、互いに信頼の芽が見えるくらいになってきたら、先生から子どもたちを信頼するアクションを起こしましょう。

子どもたちは、信頼されることで自尊感情を高めていき、相手を信頼することを学んでいきます。

しかし、今までの疑心暗鬼の生活がありますから、どのように振る舞えばよいのかわかっていない子が多いでしょう。

そこで、**先生が子どもたちを信頼しているということを、行動や言葉にして伝える**のです。

やらなかった、できなかったことをやる

子どもたちの状況から考えて、「これはできない」「これはやらない」と考えていたことがあると思います。

・子どもたちだけで自習をする。
・荒れの中心だった子に、職員室などへの用事を頼む。
・自由にグループをつくる。

このような、失敗することが予想されるため、取り組みに躊躇してしまっていたことに、少しずつ取り組んでみましょう。

失敗することもあるでしょうが、結果は失敗したとしても、信頼して任せてみたという先生の気持ちは伝わります。

（8）とにかくじっくり待つ

あせりは禁物

あせらずゆっくり、無理せずじっくり崩壊学級に向き合ってきました。先生の人柄と指導の成果で、学級が少しずつ回復に向いてきました。実践がうまくいくこともあり、子どもたちの表情も変わってきました。

こんなふうに、学級がうまく行き始めると、欲が出てきます。欲が出てくると、「もっとうまくいってもいいのではないか」と思えてきます。**先生の評価規準が高まってきて、子どもたちの反応にだんだんと満足できなくなってしまう**のです。

こんなときこそ、「あせらずゆっくり、無理せずじっくり」を心がけましょう。

待つ

あせってくると、待てなくなってしまいます。

子どもたちを言葉や態度でせかすようになっていきます。

すると、作業の遅い子や十分に理解していない子が遅れてしまい、遅れてしまうことが低く評価されるようになります。

子どもたちは回復基調にあるとはいえ、差をつけられることや低く評価されることには人一倍敏感ですから、意欲も低下してしまうでしょう。

ですから、とにかくじっくりと待つことをいつも心がけるとよいと思います。

待つことは重要な教育技術です。

（9）安全を保障する

活動が豊かになったときこそ

それまでは躊躇してしまってできなかった活動にも、少しずつ取り組めるようになり、活動もバラエティに富んだものとなってきます。

常に先生が主導して行っていた活動も、子どもたちに任せる割合が増えてくることでしょう。

理科の実験も、危険なものは演示実験で済ませていたかもしれませんが、徐々に子どもたちが行うようになるでしょう。

そうなると、当然危険も増えてきます。

活動が豊かになるのはよいことなのですが、それだけ危険なことが起きるリスクも増えるということです。

危険を想定する

マズローの提唱した「欲求5段階説」において、人間の欲求を高次の欲求から並べると「1　自己実現の欲求」「2　承認の欲求」「3　社会的欲求、所属と愛の欲求」「4　安全の欲求」「5　生理的欲求」となっており、**「安全の欲求」は下から2番目の基本的な欲求に位置づけられている**ことがわかります。安全が保障されない状況では、社会的欲求や承認の欲求は生まれにくいわけです。

ですから、活動において安全が保障されていることは、子どもたちの成長にとって不可欠のことなのです。

危険を想定して、安全対策を考えておきましょう。

この場合の安全は、**物理的な安全と心の安全との2面**あります。

活動に慣れていないことから起こるかもしれない危険を想定し、起きないための対策と、起きてしまった場合の対応を考えておきましょう。

また、以前のように悪口や意地悪、いじめに発展するようなことが起きないとも限らないので、そのことへの対策もしっかり調えてから活動を始めるようにします。

具体的な生活指導

（1）仕事を頼んで自己有用感を高める

先生の仕事を頼む

子どもたちを信頼しているということを、子どもたちに示す簡単で有意義な方法は、先生の仕事を子どもたちに頼むということです。

もちろん、先生がきちんと指導し、見守っているところで行います。

例えば、朝の健康観察です。

健康観察はほとんどの学級で先生が行っているでしょう。

朝の健康観察で子どもたちの体調や心の健康状態をつかむことが、学級担任の先生にとって重要なことだからです。

しかし、以前は健康観察を日直の子が行っていたこともあります。

もちろん、観察や正式な記録は先生がしっかりと行いますが、日直の子が呼名して進めていました。

頼まれることが誉れ

それまで先生が行っていた仕事を、

「君を見込んで、君に頼もうかと思うんだけど、引き受けてくれるかな？」

と言ってお願いすれば、その子にとっては大きな誉れになります。

自己有用感が高まるでしょう。

こんなふうにして、先生の仕事を子どもたちにどんどん頼んでみましょう。

ただし、**失敗を想定して、指導と見守りを忘れないようにします。**

(2) 子どもの関心事を報酬にする

報酬は必要

よく、「ご褒美を使って何かをさせるのはよくない」と言われます。そうかもしれません。

しかし、モチベーションの上がらない活動に取り組むには、外的な報酬は大きな効果がありますし、それがないと活動そのものに取り組めません。

崩壊学級で過ごしてきた子どもたちは、種々の活動に無気力・無関心になっていることもよくあります。

このような子どもたちを、活動に意欲的に参加させようとするには、外的な報酬を上手に使うことも必要です。

ただし、外的な報酬がその子にとってあまり魅力のないものの場合、意欲はさほど高まらないでしょう。

したがって、**子どもたちの関心が高いものを報酬にする必要があります。**

「自由」を報酬にする

子どもたちは「自由時間」が好きです。

ある程度の制約はありますが、その中で自分の好きなことができるということは、大きな魅力なのでしょう。

そこで、これを報酬にします。

例えば、

「あいさつでほめられる回数が、クラス全体で100回になったら、20分の自由時間をあげよう」

と呼びかけます。

約束として「教室を出ない」「大きな音を出さない」「危険なことはしない」などと決めておきますが、子どもたちは喜んで取り組むでしょう。

達成できそうな回数を設定することが、意欲を高めるポイントです。

(3)成功体験を「見える化」する

見えるとやる気が高まる

前項で述べたように、

「あいさつでほめられる回数が、クラス全体で100回になったら、20分の自由時間をあげよう」

と呼びかけたとします。

子どもたちは、当初はやる気が高まって、活動にも熱が入るでしょう。

しかし、日数が経つにつれて、やる気が少しずつ低下していくものです。

その原因の1つが、**あとどれくらいで目標が達成できるかがよくわからない**というところにあります。

人はもう少しで目標が達成できるというタイミングになると、やる気が高まることが多いものです。

また、自分の努力が役に立っていると意識できると、やる気が高まります。

ですから、現在の状況がわかるように、達成状況を表にして貼り出しておきましょう。

できれば、毎日の更新がわかるように、色分けしましょう。

表にしてシールを貼る

右の取組であれば、10×10のマスを大きな用紙にかいて、教室の壁面に掲示しておきます。

「めざせ、あいさつほめられ１００回」などの題名も書いておくとよいでしょう。

他の先生にあいさつをほめられたら、担任の先生に報告させます。

担任の先生は、大きめの円形のシールを用意しておき、その子に1枚渡します。

その子は、表にそのシールを貼ります。

同じ日にほめられた場合は同じ色のシールを貼れば、毎日の進度がわかります。

これで、毎日少しずつ埋まっていく様子がわかり、あとどれくらいで目標が達成できるのかもわかります。

（4）大事な実践は繰り返す

1on1ミーティング

先に述べた「1on1ミーティング」は、この時期にもう一度行いましょう。
1on1ミーティングには、次のような効果があります。

- ・子どもたちとのラポールとリレーションがよりよくなる。
- ・子どもたちが現状をどう考えているのか、どんなことに困っているのかを知ることができる。
- ・これから何を目指していくかを確認し合うことができる。
- ・先生の考えを一人ひとりに伝えることができる。

1対1で話し合うと、普段とは違って素直に話を聞いたり、真面目に話してくれたりす

る子がいます。

それだけ、普段は人の目を気にして生活しているのでしょう。

本心を聞くチャンスでもあるので、ぜひ行いましょう。

リスタートセレモニー

もう１つ、「リスタートセレモニー」も、この時期にもう一度行いましょう。

リスタートセレモニーでは、学級全員で現状を確認し合うことができます。

学級がある程度回復してきたところで、現在の学級の居心地について改めて振り返ってみます。

そして、これからどのような学級を目指して活動していきたいのか、目標とする学級の姿を全員で共有します。

また、担任の先生の学級経営の思いや、これからの心構えを伝えます。

このようなことを通して、新たな学級へスタートを切ります。

リスタートがうまく切れると、崩壊学級からのリカバリーも加速するでしょう。

（5）今のことだけを叱る

過去を引き合いに出さない

学級が回復してくると、子どもたちの意識も高まってきます。

このときに、不適切な行動をとった子がいた場合、担任の先生はその子を叱らなければなりません。

子どもたちも先生に叱られることを受け入れるようになりつつあるので、そこをよく見極めて叱ることが必要です。

ただし、子どもたちが叱られることを受け入れられるようになりつつあるとはいえ、叱る際には十分に留意しなければならないことがあります。

1つは、**「過去を叱らない」**ということです。

もう1つは、**「過去のことを引き合いに出さない」**ということです。

思い出したくない過去

私たちは、叱りながらその子の以前の様子や失敗を連想してしまうことがあります。気をつけていないと、

「この前も君は…だったじゃないか」

「以前から君は…じゃないか」

などと、そのことも話してしまいます。

しかし、**今叱られていることと関係のないことを言われるのは、だれでも納得できないでしょう。**

まして、崩壊学級で過ごしてきた子どもたちにとっては、過去は思い出したくないものです。

リスタートセレモニーをしていたならば、過去にこだわらずに未来に向けてスタートを切ったという意識もあるでしょう。

このことは十分に意識して叱ることが大切です。

(6)前置きをしてから叱る

いきなり叱らない

通常の学級ならば、不適切な言動をした子をいきなり叱ることもあるでしょう。叱られた子は驚きますが、それで反発するような子はほとんどいません。

しかし、**崩壊学級で過ごしてきた子どもたちは、叱られることに非常に敏感**です。自分が悪いことがわかっていても、先生の叱り方に腹を立てて逆ギレしたり、不服そうに反抗的な態度をとったりすることがあります。

回復期にあって、先生から叱られることを受け入れやすくなっていたとしても、過去の感情がよみがえってくることもあるでしょう。

そういうことも考えて、叱る際にはいきなり叱ることはせず、ひと呼吸おいて前置きしてから叱るようにしましょう。

どんなことを前置きするか

叱る際に、次のことを伝えましょう。

- ・不適切な子どもの言動を具体的に伝える。
- ・どうして叱るのか、理由を伝える。
- ・叱るときの先生の気持ちを伝える。
- ・どうして不適切なのか、今後どうしなければならないかを伝える。

「アイメッセージ」では、どのように行動するかの判断を子どもに委ねていました。しかし、子どもに委ねていては、なかなか言動は改善していかないのも事実です。**適切な言動までを要求するのが叱ること**です。より強い指導になるので、そのことを念頭に置いて指導します。

（7）叱られ方を教える

野口芳宏先生の授業

野口芳宏先生が「叱る意味、叱られる訳」という道徳の授業を、しばらく前からされていました。

叱ることや叱られることについて、一度じっくりと考えさせるのにもってこいの、すばらしい授業です。

授業が成立するようになったら、ぜひこの授業をしてみてください。

主な指示や発問は以下の通りです。

1　今までに叱られたことがありますか。叱られたことがあるという人は「○」、ないという人は「×」を書きなさい。

2　最近では、いつ、だれに、どんなことで叱られましたか、書きなさい。

3 叱られたとき、皆さんはどんな気持ちでしたか。うれしい、楽しいなどのプラスの気持ちになったという人は「プラス」、悲しい、悔しいなどのマイナスの気持ちになったという人は「マイナス」と書きなさい。

4 では、皆さんを叱った先生やお父さんやお母さんは、プラスの気持ちだったと思いますか、それともマイナスの気持ちだったと思いますか、書きなさい。

5 叱る方もマイナスの気持ち、叱られる方もマイナスの気持ちなら、どちらも嫌なのですから、叱るなんてやめた方がよいのではないでしょうか。その通りだと思う人は「○」、いややっぱりそれはまずいと思う人は「×」を書きなさい。

6 どうして「×」なのか、理由を発表しましょう。

7 先生やお父さん、お母さんは、みなさんのためを思って嫌な気分になってまで叱ってくださるのです。では、叱られたときどのようにすればよいでしょうか。

8 まず「謝罪」「ごめんなさい」、次に「受容」「その通りです」、次に「反省」「わたしが間違っていました。もうしません」、それから「改善」「これからはこうします」、最後に「感謝」「叱ってくださって、ありがとうございました」

(8) 学級の今を自己評価させる

現状を意識させる

崩壊学級が回復期に入ってきたら、子どもたちに学級の現状を意識させるということも大事になってきます。

クラスの現状、つまり自分たちの現状を自己評価させます。

これによって、クラスが回復しつつあるのか、停滞しているのか、後退しているのかを知ることができ、今後の活動の指針とすることができます。

アンケートの実施の仕方

次のようなアンケートを行います。

1　学級で嫌なことを言われたり、されたりしたことがある。（はい　いいえ）
2　学級で嫌なことを言われたり、されたりしているのを見たことがある。（はい　いいえ）
3　学級で過ごすのが楽しい。（はい　いいえ）
4　学級に仲のよい友だちがいる。（はい　いいえ）
5　学級はよくなってきている。（はい　いいえ）

学級が回復しつつあると思えてきたころから、**月に１回程度行い、変容を見ます。**

設問１と２は、「いいえ」を選択した人数から「はい」を選択した人数をひいた数を、設問３と４と５は、「はい」を選択した人数から「いいえ」を選択した人数をひいた数を、それぞれ在籍数でわった数を計算します。

それぞれの数値の百分率が１００％に近づいていけば回復基調です。

結果を子どもたちに返し、今後どのような気持ちでどのようなことに取り組んでいくかを考え、実践します。

(9)必要なら保護者会を開く

学級の現状が伝わらない

学級崩壊は、ある日突然起こるのではありません。

毎日少しずつ秩序が崩れていき、あるとき、崩壊状態にあることに気がつきます。

毎日少しずつなので、

「これくらいは仕方がない」

「これくらいなら何とかなる」

と思いながら学級を経営することになります。

変化が小さいので、意外に同僚の先生や保護者にも実情が伝わりにくいのです。

子どもたちも、先生に叱られるようなことをしている自分を、保護者にはなかなか話しません。

話しても、先生の言動に対する不満だったりします。

他の子たちも無関心になっていたりあきらめていたりして、学級の様子を保護者に正しく伝えることが少なくなります。

保護者に協力してもらう

崩壊学級からの回復は、保護者の協力があればずっとやりやすくなるのは言うまでもありません。

ところが、保護者に現状は伝わりにくいですし、学校は学級が崩壊状態にあることを積極的に伝えようとしないことが多いでしょう。

学級が崩壊していることを伝えることは、学校の教育がうまくいっていないことを知らせることになってしまうのでまずい、という意識があるのかもしれません。

しかし、最も困っているのは子どもたちです。

崩壊学級からの回復が思わしくない場合、保護者会を開いて現状をお伝えし、保護者の協力を得ることも選択肢の1つです。

保護者に家庭できちんと話してもらうだけで、不適切な言動が減ることもあります。

具体的な授業実践

(1)課題選択式の授業

選択できるとやる気が出る

いくつかの課題を準備しておき、それらの課題の中から子どもたちが自由に課題を選んで取り組む「課題選択式」の授業を行ってみましょう。

この授業のよいところは、自分で選択できるというところです。

つまり、**自由度が増える**ということです。

子どもたちは「自由にできる」ということに喜びを感じるので、意欲も高まります。

選択肢を工夫して

選択肢にちょっとした楽しさを加えると、さらなる意欲につながります。
１つは、**選択肢そのものをおもしろくする**ことです。
例えば、江戸時代の学習についての発展で、調べ学習をする際に、
・江戸時代の虫歯の治療の仕方
・江戸時代のお金の種類と価値
・駕籠の乗り方と乗り心地
など、子どもたちが興味をもちそうな内容を選択肢に含めてみます。
また、**表現の仕方を選択させる**方法もあります。
・ビデオに撮ってテレビで見せる
・劇にして演じる
など、子どもたちも乗り気になるでしょう。

(2)グループ学習、班競争

協力して学習させる

学習に意欲的になれない大きな理由の1つが、「課題ができない」「学習内容がわからない」ということです。

先生が個別指導をすればよいかもしれませんが、子どもたちの中には、先生に個別に指導されることに対するマイナスイメージをもっている子もいます。

そのような場合は、グループでの協力学習が有効です。

グループで学習することで、他の子から教えてもらったり、他の子のノートを見たりして進めることができます。

また、先生がグループのある子に指導することで、間接的に他の子にも指導することができます。

授業への参加意欲が高まらない場合は、グループで協力して学習させてみましょう。

時には班競争を

グループ学習をしながら、時には班競争をしてもおもしろいでしょう。

先に紹介した班競争では「チャイムが鳴り終わったときに、班全員が着席している」「全員が着席していて黙っている」「教科書が机の上に出ている」など、主として学習習慣や準備についての項目で得点を競いました。

ここでは、**ワンランクアップした内容で得点を競ってみます。**

例えば、以下のような内容です。

・内容の濃い発言、価値の高い発言をした場合
・何度も発言したり、班のメンバー全員が挙手したりした場合
・班全員の学習態度が立派だった場合
・班員の協力が見事だった場合

(3)討論、ディベートの授業

知識・技能に関係なく

学級が回復してきて、授業が成立するようになったら、ディベートや討論の授業に挑戦してみましょう。

ディベートはルールの下に行う討論の授業です。

通常は、ある論題について、それを肯定するグループと、否定するグループに分かれて、お互いに主張をし合い、どちらの主張に説得力があったかを判定します。

ディベートの方法については、たくさんの本が出版されていますし、ネット上にもやり方が数多く出ていますので、参照してみてください。

ディベートをこの時期におすすめする理由は、**論題によっては知識や技能に関係なく行うことができ、しかも知的満足感を味わうことができるから**です。

例えば「お小遣いは定額制がよい」「ノーメディアデーは有効だ」などの論題で行うデ

ィベートには、特別な知識は必要ありません。

学習の蓄積による学力が十分に身についていない子どもたちでも、討論を行うことができ、知的満足感を味わうことができます。

自分の考えが表明できる、認められる

ディベートをおすすめするもう１つの理由は、多くの子が自分の考えを表明することができるということです。

それまで学級の雰囲気にのまれて黙っていた子たちも、ルールに沿って発言することで自分の考えを表明することができるようになります。

また、**大人しい子が意外に理路整然と発言したり、荒れていた子がルールを守って発言したり、適切な言動の大切さを話したりすることで、お互いに相手のよさに気づき、認め合うことにもつながります。**

おわりに

ある学校で、若い先生の学級が崩れてしまったことがあります。

学年の先生、教頭先生、学習指導主任の先生、教務主任の先生、いろいろな先生がその学級に入り、ＴＴで授業を行いました。

授業だけは何とか進めることができました。

先生方は、担任の先生にいろいろとアドバイスをしました。

しかし、なかなか学級はよくなっていきませんでした。

そして、新年度になり、以前その学年を担任したことのあるベテランの先生が学級担任になりました。

すると、学級はあっという間に通常の状態に戻りました。

ベテランの先生の面目躍如といったところでしょう。

では、前年度の学級担任だった若い先生はダメだったのでしょうか。

私はそうは思いません。

確かに、学級が崩れた原因の1つは、その先生の指導にありました。

しかし、その若い先生は、休まずに学級担任を務めました。

うまく行かないながらも、あれこれ試行錯誤を繰り返しました。

学級では小さな問題は頻発したものの、大きな事故や陰湿ないじめは起きませんでした。

これは、1つの成果だと考えてよいと思います。

もしもこの先生が休んでしまったら、学校は大変なことになります。

大きな事故、陰湿ないじめがあれば、学校は対応に追われます。

新年度にベテランの先生に引き継ぐまで、若い先生はよくがんばりました。

崩壊学級の立て直しを、学級レベルではなく、学校レベルで考えるとすれば、この例は見事に立て直しが成った例だと言ってもよいのではないかと思います。

このようなことも、学校というチームで崩壊学級を立て直す、1つの方法だと考えることができるのではないでしょうか。

２０１９年６月

山中　伸之

【著者紹介】

山中　伸之（やまなか　のぶゆき）

1958年栃木県生まれ。宇都宮大学教育学部卒業。栃木県公立小中学校に勤務。

●研究分野

国語教育，道徳教育，学級経営，語りの教育

日本教育技術学会会員，日本言語技術教育学会会員

日本群読教育の会常任委員，「実感道徳研究会」会長

●著書

『今日からできる　学級引き締め＆立て直し術』『新任３年目までに身に付けたい　保護者との関係構築術』『話し合いができるクラスのつくり方』『30代，40代を賢く生き抜く！　ミドルリーダーの「超」時間術』『小学校　道徳の授業づくり　はじめの一歩』『やさしい言葉が心に響く　小学校長のための珠玉の式辞＆講話集』（以上，明治図書），『全時間の板書で見せる「わたしたちの道徳」』（学事出版），『キーワードでひく小学校通知表所見辞典』（さくら社），『子どもが一気に集中する！授業スイッチ101』（学陽書房）他多数。

がんばり過ぎない。でも、あきらめない。
学級リカバリー術

2019年８月初版第１刷刊　©著　者　山　中　伸　之
2020年５月初版第２刷刊　発行者　藤　原　光　政
発行所　明治図書出版株式会社
http://www.meijitosho.co.jp
（企画）矢口郁雄（校正）新井皓士
〒114-0023　東京都北区滝野川7-46-1
振替00160-5-151318　電話03(5907)6701
ご注文窓口　電話03(5907)6668

＊検印省略　組版所　長野印刷商工株式会社

Printed in Japan　ISBN978-4-18-140029-3

もれなくクーポンがもらえる！読者アンケートはこちらから
→